# 汉语近义词学习手册

## （高级）

洪炜
赵新
李红　编著
郝伟

商务印书馆
The Commercial Press

**图书在版编目（CIP）数据**

汉语近义词学习手册. 高级 / 洪炜等编著. —北京：商务印书馆，2023
ISBN 978-7-100-21872-6

Ⅰ.①汉… Ⅱ.①洪… Ⅲ.①汉语—同义词—对外汉语水平考试—自学参考资料 Ⅳ.① H195.4

中国版本图书馆 CIP 数据核字（2022）第 223209 号

**权利保留，侵权必究。**

**汉语近义词学习手册（高级）**
洪炜　赵新　李红　郝伟　编著

商 务 印 书 馆 出 版
（北京王府井大街36号　邮政编码100710）
商 务 印 书 馆 发 行
北京市白帆印务有限公司印刷
ISBN 978 - 7 - 100 - 21872 - 6

2023 年 6 月第 1 版　　　　开本 787×1092　1/32
2023 年 6 月北京第 1 次印刷　印张 11¼

定价：69.00 元

# 目　　录

前言···················································································1

近义词组音序索引·······························································7

手册正文······································································1—177

词目音序索引···································································178

# 前　　言

　　这套《汉语近义词学习手册》（以下简称《手册》）分为初级、中级、高级三册：初级收词150组，中级收词200组，高级收词135组。这些近义词组大部分出自《商务馆学汉语近义词词典》（赵新、李英主编，商务印书馆，2009）和《实用汉语近义虚词词典》（赵新、刘若云主编，北京大学出版社，2012）。我们从两部词典中挑选出"常用且差异复杂、容易混淆、学习难度高"的近义词组，并补充了一些两部词典未收但常用、难度高的近义词组，对其主要的区别性差异进行了细致的辨析。每组近义词配有足量的语句、语段练习，并附有参考答案。练习、参考答案部分独立装订，方便读者使用。

　　《手册》的收词和分级参考了《汉语水平词汇与汉字等级大纲》《新汉语水平考试大纲》《汉语国际教育用音节汉字词汇等级划分》和《国际中文教育中文水平等级标准》等。不同等级的近义词组按等级高的词收录：初级词与中级词的组合收入中级手册，初级词、中级词与高级词的组合收入高级手册。

　　《手册》可以作为汉语二语近义词学习的工具书，也可以作为对外汉语教学的辅助用书和选修课的教材，还可以作为汉语水平考试（HSK）的辅导材料。《手册》既可供汉语二语学习者和汉语教师使用，也可供中小学语文教师和中小学生使用。

　　《手册》中部分近义词组曾在中山大学原国际汉语学院及中文系国际汉语中心"近义词学习""词汇难点学习"等选修课中试用。在教学中，我们尝试了接受式教学与发现式教学、预防式教学与治疗式教学、分散教学与集中教学等方法,简述如下,以供使用者参考[具体可参看《汉语近义词研究与教学》(赵新、洪炜、张静静,商务印书馆,2014)]:

**一、接受式教学与发现式教学**

接受式教学是让学习者被动地接受知识的一种教学方式,教师在课堂上讲解近义词的种种差异,学习者不需要进行独立发现,而只需接受、理解,然后通过练习进行操练。

接受式教学可直接使用本手册,先让学习者看解释,然后用例句进行说明,全部差异讲解完后做练习。以"见—见面"的一项差异为例,其接受式教学过程如下:

> 1.讲解:
> 【不同1】"见"可以带宾语,后面可以带"了、过、到";"见面"不能带宾语,不能带"了、过、到"。

> 2.举例:
> (1)下午我要去见一个老朋友。(见面 ×)
> (2)这个人我从来没见过。(见面 ×)
> (3)我刚才见到刘老师了,他让我把这本书交给你。(见面 ×)
> (4)前年在上海见了老李一次,以后再没见过。(见面 ×)

发现式教学是让学习者通过一系列的发现行为去探究并获得知识的一种教学方法。教学时先不讲解近义词的差异,而是分别列出近义词的典型例句,然后引导学习者对比两个词语出现的不同语境,通过比较发现差异。

如果采用发现式教学,可将《手册》稍加变化,做成PPT,将每一个异同分次显示例句、答案和解释:第一次显示例句,让学习者思考并做出选择;第二次显示答案,让学习者思考使用的条件;第三次显示使用规律;全部差异讲解完后做练习。请看"见—见面"同一项差异的发现式教学过程:

---

1. 显示例句,让学习者思考,做出选择:
（1）下午我要去_____一个老朋友。
（2）这个人我从来没_____过。
（3）我刚才_____到刘老师了,他让我把这本书交给你。
（4）前年在上海_____了老李一次,以后再没见过。

---

2. 显示答案,引导学习者通过例句观察差异,发现使用规律:
（1）下午我要去见一个老朋友。(见面 ×)
（2）这个人我从来没见过。(见面 ×)
（3）我刚才见到刘老师了,他让我把这本书交给你。(见面 ×)
（4）前年在上海见了老李一次,以后再没见过。(见面 ×)

---

3. 显示使用规律:
【不同1】"见"可以带宾语,后面可以带"了、过、到";"见面"不能带宾语,不能带"了、过、到"。

---

两种教学法各有所长:接受式方便快捷,步骤少,用时较少,可以提高课堂教学速度,学习者也比较喜欢;但知识的记忆,尤其是长时记忆不如发现式。发现式能促使学习者进行大脑深加工,进入长时记忆,在教学效果的保持上,明显优于接受式;但步骤多,用时较长,学习者投入量大,过多使用影响教学速度,学习者也容易疲劳厌学。因此,两种方法不妨交替使用,这样速度和效果就可以兼顾。

## 二、预防式教学与治疗式教学

在近义词教学中,一开始就用接受式教学法或发现式教学法归纳出差异及使用条件,这种在学习者出现偏误之前讲解的方法,称为预防式教学法。一开始不讲解,先针对差异设计练习,让学习者做练习,针对练习中出现的偏误,再进行讲解或让学习者总结出差异的方法称为治疗式教学法。简言之,预防式教学讲解在出现偏误之前,治疗式教学讲解在出现偏误之后。

治疗式教学法有两个长处:一是针对性强。治疗式教学的讲练是针对学习者自己的偏误进行讲练,针对性强,学习者更重视,投入量更大,效果更好;而预防式教学学习者的重视程度不够,投入量小,效果差一些。二是节约时间。治疗式有错则讲,无错则不讲,这样就缩小了讲练的范围,有利于把更多的时间用在难点上。

但在教学中,治疗式不及预防式操作方便,教师要先让学习者做练习,并且需要批改练习、对学习者的偏误进行汇总分析。建议在教学的不同阶段,分别采用不同的教学方法,比如,在开始学习时先用预防式,然后做练习,教师批改练习后再用治疗式针对主要偏误进行讲练。

## 三、分散教学与集中教学

分散教学指近义词的教学分散在具体课程中,课文中有几个近义词就讲练几个。分散教学中近义词的讲练较少,而且讲练是简单、零散的,数量和质量都远远不能满足学习者的需要。因此,只采用分散教学的方式进行教学是有局限性的。

集中教学指把近义词集中起来进行讲练,这样可以充分进行讲解和练习,并且有利于总结规律,分类讲解和训练。集中教学有两种方式:一是在具体课程中进行近义词集中教学,比如在期末或期中挑选一些常用的近义词集中讲练。由于平时已经练习过,集中训练可采用治疗式教学法,先做练习,然后针对出现的偏误再做一些讲解即可,不必细讲细练。二是开设选修课进行近义词集中教学。这样可以处理比较多的近义词,可以比较充分地、有系统地进行讲练,提高学习效率。

集中教学更容易引起学习者对近义词差异的注意,而且讲解和练习比较系统具体,教学效果较好;但教学中无法完全抛弃分散教学。最好是分散教学与集中教学相结合,既可保证近义词学习的数量,又能加深记忆,增强效果。

以上几种教学方法各有短长,在教学中综合使用,可以形成互补,增进教学效果,同时也可以调节教学节奏和气氛。

《手册》编写过程中,王意颖、吴娇琪、高明欣、刘晓迪、王玉莹、李研等同学协助做了不少整理工作。《手册》的出版得到了商务印书馆汉语编辑中心的大力支持和帮助,李智初副编审和袁舫编审首先提出了编写一套近义词手册的想法,没有两位的启示和指引,就不会有这套《手册》。在此一并衷心致谢!

囿于水平,《手册》会有疏漏和不足,敬请各位同道及使用者指正。

编者
2022年5月于中山大学

# 近义词组音序索引

**B**

| | |
|---|---|
| 巴不得　恨不得 | 1 |
| 拜访　访问　看望 | 3 |
| 帮助　协助 | 4 |
| 宝贵　珍贵 | 6 |
| 保持　维持 | 7 |
| 保护　保卫 | 8 |
| 本人　自己 | 9 |
| 本身　自身 | 11 |
| 本质　实质　性质 | 12 |
| 避免　防止 | 14 |
| 便利　方便 | 15 |
| 表面　外表 | 16 |
| 别人　人家 | 18 |

**C**

| | |
|---|---|
| 财产　财富 | 19 |
| 差距　距离 | 20 |
| 尝试　试 | 22 |
| 场合　场面　场所 | 23 |
| 迟疑　犹豫 | 24 |
| 冲突　矛盾 | 26 |
| 充分　充实　充足 | 27 |
| 从来　向来　一向 | 29 |

**D**

| | |
|---|---|
| 答复　回答 | 30 |
| 打击　攻击 | 32 |
| 打扰　干扰 | 33 |
| 当初　起初　最初 | 34 |
| 倒闭　破产 | 35 |
| 调查　考察 | 37 |
| 动机　目的 | 38 |
| 短　短促　短暂 | 39 |
| 顿时　立刻 | 40 |

**F**

| | |
|---|---|
| 发觉　发现 | 42 |
| 繁华　繁荣 | 43 |
| 繁忙　忙碌 | 44 |
| 防止　预防 | 45 |
| 妨碍　阻碍 | 46 |
| 吩咐　嘱咐 | 47 |
| 丰富　丰盛 | 48 |

| | |
|---|---|
| 腐败　腐朽 | 49 |
| 负担　压力 | 50 |

**G**

| | |
|---|---|
| 改进　改良　改善 | 52 |
| 改正　更正 | 53 |
| 高潮　高峰 | 54 |
| 告别　告辞 | 55 |
| 公平　公正 | 56 |
| 攻击　进攻 | 57 |
| 孤单　孤独 | 58 |
| 古怪　奇怪 | 59 |
| 关心　关照 | 60 |
| 管理　治理 | 61 |

**H**

| | |
|---|---|
| 含糊　模糊 | 62 |
| 含义　意义 | 64 |
| 何况　况且 | 65 |
| 缓和　缓解 | 66 |
| 慌忙　慌张 | 67 |
| 回顾　回忆 | 68 |

**J**

| | |
|---|---|
| 机会　时机 | 70 |
| 激烈　猛烈　强烈 | 71 |
| 急切　迫切 | 72 |
| 记录　记载 | 73 |

| | |
|---|---|
| 技能　技巧　技术 | 75 |
| 坚定　坚决 | 77 |
| 坚固　牢固　稳固 | 78 |
| 坚强　顽强 | 80 |
| 简单　简陋 | 82 |
| 简单化　简化 | 83 |
| 建议　提议 | 84 |
| 焦急　着急 | 85 |
| 紧急　紧迫 | 87 |
| 紧密　密切 | 88 |
| 谨慎　慎重 | 90 |
| 经常　时常 | 91 |

**K**

| | |
|---|---|
| 开展　展开 | 92 |
| 考虑　着想 | 93 |
| 宽　宽敞 | 95 |

**L**

| | |
|---|---|
| 理解　领会 | 96 |
| 谅解　原谅 | 98 |
| 履行　实行　执行 | 99 |

**M**

| | |
|---|---|
| 蔑视　歧视　轻视 | 100 |
| 明显　显著 | 102 |
| 命令　指示 | 103 |
| 目光　眼光 | 105 |

## P

| | |
|---|---|
| 培养 培育 | 106 |
| 疲惫 疲倦 疲劳 | 108 |
| 骗 欺骗 诈骗 | 109 |
| 破坏 损坏 | 111 |

## Q

| | |
|---|---|
| 恰当 适合 | 112 |
| 恰当 妥当 | 113 |
| 前景 前途 | 115 |
| 侵犯 侵略 | 116 |
| 亲身 亲自 | 117 |
| 勤劳 辛勤 | 119 |
| 清除 消除 | 120 |
| 清楚 清晰 | 121 |
| 情况 情形 | 123 |
| 晴 晴朗 | 124 |

## R

| | |
|---|---|
| 忍耐 忍受 | 126 |

## S

| | |
|---|---|
| 丧失 失去 | 127 |
| 色彩 颜色 | 128 |
| 善于 擅长 | 130 |
| 实验 试验 | 131 |
| 事情 事务 | 133 |
| 思考 思索 | 134 |

| | |
|---|---|
| 死 死亡 | 135 |

## T

| | |
|---|---|
| 讨厌 厌恶 | 138 |
| 特点 特色 特征 | 139 |

## W

| | |
|---|---|
| 违背 违反 | 140 |
| 温和 温柔 | 142 |
| 误会 误解 | 143 |

## X

| | |
|---|---|
| 吸取 吸收 | 144 |
| 习惯 习俗 | 146 |
| 细致 详细 仔细 | 147 |
| 相信 信赖 | 149 |
| 新颖 崭新 | 150 |
| 信念 信心 | 151 |
| 需求 需要 | 152 |

## Y

| | |
|---|---|
| 压抑 抑制 | 153 |
| 严厉 严肃 | 154 |
| 一辈子 终身 | 156 |
| 一再 再三 | 158 |
| 依靠 依赖 | 159 |
| 以前 以往 | 160 |
| 引导 指导 | 161 |

| | |
|---|---|
| 优良 优秀 优异 | 162 |
| **Z** | |
| 灾害 灾难 | 164 |
| 赞美 赞扬 | 165 |
| 展示 展现 | 166 |
| 镇定 镇静 | 167 |
| 证明 证实 | 168 |
| 智慧 智力 | 169 |
| 忠诚 忠实 | 170 |
| 周到 周密 | 172 |
| 专程 专门 | 173 |
| 庄严 庄重 | 174 |
| 姿势 姿态 | 175 |
| 阻碍 阻挠 阻止 | 176 |

# B

> 巴不得 bābudé（动 avid for, eager for, earnestly wish）
> 恨不得 hènbude（动 very anxious to, itch to）

【相同】

都是动词，都是口语中常用的习惯用语，表示强烈、急切的愿望，希望马上做某事或某种现象很快发生。做谓语，后面都可以带动词性短语做宾语。有时可以互换：

我早就不想在这里待了，<u>巴不得</u>现在就走。（恨不得 √）

他想家了，<u>巴不得</u>早点儿回去。（恨不得 √）

这些书都是好书，他<u>恨不得</u>全拿走。（巴不得 √）

我<u>恨不得</u>立刻下班，去看球赛。（巴不得 √）

【不同】

1. "巴不得"可以用于主观希望和客观事实一致的句子；用"恨不得"的句子，主观希望与客观事实往往不一致：

你让我现在走？太好了，我<u>巴不得</u>马上就走。（主客观一致。恨不
　　客观事实　　　　　　　主观希望
得 ×）

老师不让我走，可我<u>恨不得</u>马上就走。（主客观不一致。巴不得 √）
　　客观事实　　　　　　主观希望

不让我干正好，我<u>巴不得</u>不干。（主客观一致。恨不得 ×）

你来得正好，我正<u>巴不得</u>有人帮帮我。（主客观一致。恨不得 ×）

你们都出去玩吧，我<u>巴不得</u>一个人在家清静清静。（主客观一致。

恨不得 ×)

2."恨不得"更多的是用来强调某种状态的程度高，或表示强烈的希望，而希望的常常是根本不可能发生的事，是一种夸张的说法；"巴不得"没有这样的用法：

我气得恨不得打他一耳光。（"气"的程度高。巴不得 ×）

太困了，真恨不得睡上三天三夜。（"困"的程度高。巴不得 ×）

他饿得要命，恨不得把一桌子饭菜都吃光。（"饿"的程度高。巴不得 ×）

我恨不得插上翅膀飞到爸爸妈妈身边。（不可能发生。巴不得 ×）

我真恨不得变成一只小羊跟在她身边。（不可能发生。巴不得 ×）

他真恨不得有三头六臂，今天就把所有事做完。（不可能发生。巴不得 ×）

3."巴不得"可以带"这一天、这一刻、这一句、这一声"等短语做宾语，还可以单独做谓语，后面常带"呢"；"恨不得"没有这样的用法：

你回来帮我？好！我巴不得这一天呢。（恨不得 ×）

妈妈说："你去吧。"小明正巴不得这一句，转身就跑。（恨不得 ×）

能有这样的机会，我巴不得。（恨不得 ×）

他不去才好，我正巴不得呢。（恨不得 ×）

4."巴不得"可以做定语，修饰名词"事、机会"；"恨不得"没有这样的用法：

能去看精彩的表演，当然是巴不得的事。（恨不得 ×）

学校派他去英国进修，这正是他巴不得的机会。（恨不得 ×）

拜访 bàifǎng（动 pay a visit, call on）
访问 fǎngwèn（动 visit, call on）
看望 kànwàng（动 call on, visit, see）

【相同】
都是动词，做谓语，表示有目的地去见某人并跟他交谈。"拜访"有时可以跟"访问"互换，有时可以跟"看望"互换：

在拜访了30个客户后，她写出了详细的调查报告。（访问 √ 看望 ×）

为了弄清这个问题，他专门去北京拜访了几位专家，向他们请教。（访问 √ 看望 ×）

今天我还有事，改日再登门拜访。（看望 √ 访问 ×）

回到家乡的当天，我就去拜访了几位老朋友。（看望 √ 访问 ×）

【不同】
1. "拜访"带客气、尊敬的色彩，目的是问候、求教、联络感情等，对象多是长辈或有社会地位的人，也可以是朋友：

李经理，我就先不打扰您了，下次再来拜访。（访问 × 看望 ×）

毕业几年了，我们准备周末去杜老师家拜访。（访问 × 看望 ×）

到广州后，我打算去拜访几位老朋友。（访问 × 看望 √）

2. "访问"是为了某个具体任务或外交上的需要去跟人接触交谈，比较正式。"访问"的对象多是访问者不熟悉或以前没有见过的人，还可以是具体的单位、城市、国家：

出国访问 参观访问 进行访问 接受访问 拒绝访问（拜访 × 看望 ×）

正式访问 友好访问 短暂访问 家庭访问 电话访问（拜访 × 看望 ×）

今日，中国外交部长前往法国进行正式访问。（拜访 × 看望 ×）

为了写关于电影的论文，我对几十位导演和演员进行了访问。（拜访 ×　看望 ×）

德国客人们访问了中山大学。（拜访 ×　看望 ×）

韩国总统将于下月访问广州。（拜访 ×　看望 ×）

3．"看望"没有"拜访"或"访问"那么正式，目的是问候以及了解对方的日常生活情况。对象是病人、亲人、下属或"我、我们"时，用"看望"，不用"拜访"或"访问"：

今天上午，同学们去医院看望了王老师。（拜访 ×　访问 ×）

你什么时候回去看望爷爷奶奶？（拜访 ×　访问 ×）

杰克和我保持着密切的联系，经常来看望我。（拜访 ×　访问 ×）

4．"访问"还有进入计算网络，在网站上浏览、查找信息、资料的意思；"拜访"和"看望"没有这样的用法：

你访问过的网页可能会在浏览器中留下记录。（拜访 ×　看望 ×）

这个网站的访问量很大。（拜访 ×　看望 ×）

---

帮助 bāngzhù（动 help, assist）

协助 xiézhù（动 help, assist）

---

【相同】

都是动词，做谓语，表示替人出力，给别人援助。用于工作、任务、工程时可以互换，但意思有所不同："帮助"是帮助别人做某个工作，工作是别人的，帮助者可以代替被帮助者成为主要力量；而"协助"是配合别人做某个工作，工作是共同的，协助者和被协助者有主次之分，协助者不能成为主要力量：

我们会帮助他完成这项任务的。（协助 √）

你一定要帮助他搞好这次演讲比赛。（协助 √）

在你们的协助下，我终于圆满完成了这项工作。（帮助 √）

由于多个单位给予大力<u>协助</u>,工程进展得很顺利。(帮助 √)

**【不同】**

1. 明确表示代替别人做事时,只能用"帮助";"协助"可以不带宾语,"帮助"后面一般要有宾语:

小王太累了,让他休息,我们来<u>帮助</u>他完成这个任务。(协助 ×)
你有事就先走吧,最后这点儿工作我来<u>帮助</u>你完成。(协助 ×)
这个工程由老李负责,小王<u>协助</u>。(单独做谓语。帮助 ×)
这个任务他只是<u>协助</u>,不能越过负责人作决定。(单独做谓语。帮助 ×)

2. "帮助"可以用于多个方面,"协助"一般只用于工作、工程、任务等重要方面;"帮助"的主语可以是事物,"协助"的主语一般是人、单位或部门:

小王经济上有困难,我们应该<u>帮助</u>他。(协助 ×)
李华一直<u>帮助</u>玛丽学汉语,所以玛丽进步很快。(协助 ×)
是警察<u>帮助</u>他找到了孩子。(协助 ×)
这本书很好,可以<u>帮助</u>你了解这方面的研究情况。(主语是书。协助 ×)
电脑<u>帮助</u>我完成了这个重要的任务。(主语是电脑。协助 ×)
这个信念<u>帮助</u>他活了下来。(主语是信念。协助 ×)

3. 可以说"有帮助、很大帮助"等;"协助"不能这样用:

有<u>帮助</u>　给他很大<u>帮助</u>　<u>帮助</u>很大　很多<u>帮助</u>　一些<u>帮助</u>　(协助 ×)
在工作上,他给了我很多的<u>帮助</u>。(协助 ×)
学习电脑知识,对我们工作很有<u>帮助</u>。(协助 ×)
刚到公司工作的时候,他对我的<u>帮助</u>很大。(协助 ×)

> 宝贵 bǎoguì（形 valuable, precious）
> 珍贵 zhēnguì（形 valuable, precious）

【相同】

都是形容词，表示价值高，值得重视，都可做谓语、定语。常可互换，但意思稍有不同，"宝贵"强调重要、很难得到，"珍贵"强调稀少、意义深刻：

宝贵的礼物　宝贵的资料　宝贵的友谊　宝贵的品质（珍贵√）
这颗宝贵的钻石在展览会上吸引了许多人。（珍贵√）
没有什么比我们的友谊更宝贵的了。（珍贵√）
这些珍贵的资料你要小心保管。（宝贵√）
你觉得他身上最珍贵的品质是什么？（宝贵√）

【不同】

1. "宝贵"是因为"重要、很难得到"而有价值，多形容"生命、青春、品质、贡献、经验、意见、力量、文化遗产、精神财富"等抽象名词性词语：

这两年，他积累了许多宝贵的工作经验。（珍贵×）
为了救那个孩子，他献出了自己宝贵的生命。（珍贵×）
谢谢您给我提出的这些宝贵意见，我回去一定认真思考。（珍贵×）

2. "珍贵"是因为"稀少、意义深刻"而有价值，多形容动物、植物、文物、照片、工艺品、展览品等具体事物：

珍贵的熊猫　珍贵的植物　珍贵的照片　珍贵的艺术品　珍贵的工艺品　珍贵的文物（宝贵×）
这个礼物虽不值钱，但是朋友送的，因此非常珍贵。（宝贵×）
熊猫是珍贵的国家级保护动物，我们要好好保护它们。（宝贵×）
考察队在山上发现了一种十分珍贵的树种。（宝贵×）

> 保持 bǎochí（动 keep, maintain, preserve）
> 维持 wéichí（动 keep, maintain）

**【相同】**

都是动词，做谓语，意思是"保住原有的东西使其继续下去"，都可以用于"关系、状态、地位、局面"等。有时可以互换：

<u>保持</u>关系　<u>保持</u>地位　<u>保持</u>……状态　<u>保持</u>……局面　<u>保持</u>下去（维持√）

发生了这样的事，我和他还能<u>保持</u>以前的关系吗？（维持√）

我只希望能继续<u>保持</u>目前这种状态。（维持√）

公司的经营不太好，目前的状况难以<u>维持</u>下去。（保持√）

为了孩子健康成长，不少感情不好的夫妻仍继续<u>维持</u>婚姻关系。（保持√）

**【不同】**

1. "保持"强调使原来的样子持续下去，不改变，这种持续多是不困难、不勉强的；"保持"的往往是一种满意的状况、积极的行为或者是希望长时间不变的现象，如"纪录、姿势、距离、联系、习惯、精神、传统、作风、水平、健康、清洁、警惕、安静、镇静"等：

<u>保持</u>纪录　<u>保持</u>姿势　<u>保持</u>距离　<u>保持</u>联系　<u>保持</u>习惯　<u>保持</u>传统　<u>保持</u>作风　<u>保持</u>水平（维持×）

<u>保持</u>警惕　<u>保持</u>安静　<u>保持</u>镇静　<u>保持</u>清醒　<u>保持</u>健康　<u>保持</u>清洁　<u>保持</u>一致（维持×）

这个世界纪录已经<u>保持</u>了十年。（维持×）

排队时，人和人之间应当<u>保持</u>一定的距离。（维持×）

在任何情况下，我们都要<u>保持</u>清醒的头脑。（维持×）

2. "维持"强调采取措施使目前的情况持续下去，这种持续多是有困难的、勉强的；"维持"的往往是一些基本的要求或需要，通常是

"生命、生活、秩序、统治、政权、治安"等：

维持生命　维持生活　维持秩序　维持统治　维持政权　维持治安（保持 ×）

他的病情已经恶化，全靠输液维持生命。（保持 ×）

全家就靠父亲一个人的工资维持生活。（保持 ×）

交警正在维持交通秩序。（保持 ×）

---

保护 bǎohù（动 protect, safeguard）
保卫 bǎowèi（动 defend, safeguard）

---

【相同】

都是动词，做谓语，都表示让某事物不受损失、破坏，对象都可以是家园、土地、安全、和平、权益或重要人物：

军人的职责是保护国家安全。（保卫 √）

我们应当尽一切力量保护自己的家园。（保卫 √）

那几个身材高大的男子是负责保卫总统的。（保护 √）

【不同】

1. "保卫"强调用某种力量（比如法律、武力等）来守卫重要的人或事物，使其不受侵犯；"保卫"的对象多是"国家、祖国、领土、自由、民主"等重大事物，或者是"领袖、母亲"等重要人物：

保卫国家　保卫祖国　保卫领土　保卫自由（保护 ×）

没有强大的军队，就不能保卫国家。（保护 ×）

我们要坚决保卫国家领土的完整。（保护 ×）

她热爱自由，愿意用一切去保卫自由。（保护 ×）

2. "保护"主要表示尽力照顾和护理，使不受损害或不被破坏；"保护"的对象可以是普通的事物，如"环境、耕地、文化、文物、动物、植物、健康"等，也可以是"老人、小孩"等需要护卫或照顾的人，使用范围比"保卫"广：

保护环境　保护土地　保护文物　保护动物　保护树木（保卫 ×）
保护健康　保护眼睛　保护孩子　保护他　保护你（保卫 ×）
保护儿童是每一个成年人的责任。（保卫 ×）
夏天要特别注意保护皮肤。（保卫 ×）
这些珍贵的文物必须保护好。（保卫 ×）

3. "保护"可以做宾语，"保卫"不能；"保卫科、保卫处、保卫战、保卫人员""保护伞、保护色、保护价、保护区、保护国"是固定搭配，不能互换：

由于得到国家的保护，熊猫的生存环境有了明显的改善。（保卫 ×）
有了哥哥的保护，圆圆再也不怕别人欺负她了。（保卫 ×）
如果遇到可疑人员，应该及时通知保卫科。（保护 ×）
一些动物身上的颜色跟周围环境的颜色类似，这种颜色叫作保护色。（保卫 ×）

---

本人 běnrén（代 I, me, myself, oneself, in person）
自己 zìjǐ（代 oneself）

---

【相同】

都是代词，指当事人自己，强调不是别人。都可以放在单数的"你、我、他"或人名之后组成同位语做主语，常可互换：

我本人并不想去，可妈妈非让我去。（自己 √）
关于这件事，他自己有什么想法？（本人 √）
这到底是怎么回事，连小张本人也说不清楚。（自己 √）
小王自己都同意了，你还有什么意见？（本人 √）

【不同】

1. 都可以跟某些词语组成同位语做宾语，但"A本人"，A跟前面

的主语不是同一人;"A自己",A跟前面的主语是同一人:

我这次去见到了王总本人。(A是"王总",主语是"我"。自己 ×)

我见到了厂长秘书,但没见到厂长本人。(A是"厂长",主语是"我"。自己 ×)

林林现在已经能照顾她自己了。(A和主语都是"林林"。本人 ×)

张勇想到最艰苦的地方锻炼他自己。(A和主语都是"张勇"。本人 ×)

2. "本人"可以单独指说话人自己,相当于"我",多用于较正式的语境;"自己"不能这样用:

本人2020年毕业于中山大学中文系。(自己 ×)

本人昨天在操场丢失一个黑色书包,拾到者请与本人联系,非常感谢。(自己 ×)

今天就让你见识见识本人的厉害! (自己 ×)

这是本人的决定,跟其他人无关! (自己 ×)

3. "自己"可以指代复数的人,"本人"只可以指代单数的人;"自己"可以泛指任何人,还可以指代前面或后面提到的人,"本人"不能这样用:

孩子们自己的事让他们自己解决吧。(指复数的人。本人 ×)

自己的工作应当自己完成。(泛指任何人。本人 ×)

大家请坐,自己倒茶吧。(指前面的"大家"。本人 ×)

看到自己的学生得了冠军,金老师高兴极了。(指后面的"金老师"。本人 ×)

4. "自己"还可以指代动植物、物体、国家、城市等;"本人"只指代人:

小鸟飞出了自己的窝。(本人 ×)

瓶子自己倒的,不是我弄倒的。(本人 ×)

这是法国自己的事,别国无权干涉。(本人 ×)

5. "自己"还可以做状语,修饰动词,表示"自愿地、主动地、自动地、自己一个人"等意思；还可以不带"的"做定语，指属于说话人的，或亲近的、关系密切的。"本人"没有这样的用法：

小明今天<u>自己</u>上学去了，我没送他。（自己一个人。本人 ×）

这事是小王昨天<u>自己</u>告诉我的，我没问他。（主动地、自愿地。本人 ×）

<u>自己</u>人　<u>自己</u>家　<u>自己</u>身上　<u>自己</u>房间　<u>自己</u>朋友（做定语。本人 ×）

都是<u>自己</u>人，别这么客气！（做定语。本人 ×）

---

本身 běnshēn（代 oneself, it oneself）
自身 zìshēn（代 oneself, self）

---

【相同】

都是代词，指代前面出现过的人或事物。都可以放在代词或名词后面，组成同位短语做定语，有时可以互换：

这可能和我<u>本身</u>的个性有关。（自身 √）

环境污染问题威胁着人类<u>本身</u>的生存和发展。（自身 √）

儿童的一些行为和儿童<u>自身</u>的气质特点有关。（本身 √）

种子<u>自身</u>的力量是巨大的，任何力量都阻挡不了。（本身 √）

【不同】

1. "本身"可以跟表示事物的名词组成同位短语；跟"自身"组合的名词一般是有生命或被赋予了生命的，如政党、国家、制度等：

这件事<u>本身</u>就很能说明问题。（自身 ×）

游戏<u>本身</u>是带给人娱乐和享受的。（自身 ×）

社会制度<u>本身</u>需要不断完善。（自身 √）

这个组织<u>本身</u>的素质还有待提高。（自身 √）

2. "本身"还可以做主语，指代前面的事物或行为，常说"这本

身";"自身"不能这样用:

他的这首歌,本身就是一个奇迹。(自身 ×)
设计这个图案,本身就是一项了不起的艺术。(自身 ×)
他曾四次参加世界杯比赛,这本身就是一个奇迹。(自身 ×)
向人倾诉自己内心的烦恼,这本身就有积极作用。(自身 ×)

3."自身"可以单独做定语,后面可以不带"的";"本身"不能这样用:

自身(的)安全　自身(的)条件　自身(的)错误　自身(的)作用(本身 ×)

你首先要保护自身的安全。(本身 ×)
他已经认识到自身的错误了。(本身 ×)
我们选择职业应当考虑自身条件。(本身 ×)

---

本质 běnzhì(名 essence, innate character);(形 essential)
实质 shízhì(名 essence, substance)
性质 xìngzhì(名 nature, property)

---

【相同】

都是名词,指事物本来就有的、主要的特征。"本质"和"实质"意义比较接近,有时可互换:

要想解决问题,就要抓住问题的本质。(实质 √　性质 ×)
我们要透过复杂的现象找出问题的本质。(实质 √　性质 ×)
这两种现象实质上是相同的。(本质 √　性质 ×)
选择绿色生活方式,其实质就是和自然和谐共处。(本质 √　性质 ×)

【不同】

1."本质"和"实质"强调事物本身具有的根本特征,与表面现

象相对;"性质"强调的是事物之间相区别的根本特征,与其他事物相对,不与"本质"或"实质"互换:

氧气和氮气的性质不同。(本质× 实质×)
抢劫和偷盗的性质是不一样的。(本质× 实质×)
毕业考试与升学考试是性质不同的两种考试。(本质× 实质×)

2."本质"还用于人,指人的品质;"实质"和"性质"都用于事物,不用于人:

他这个人本质不坏,就是太骄傲,自以为是。(实质× 性质×)
从一些小事往往可以看出一个人的本质。(实质× 性质×)
他虽然有不少缺点,但本质还是好的。(实质× 性质×)

3."实质"还可以指最主要的、最根本的实在内容,常说"精神实质、内容实质、讲话实质"等;"本质"一般不这样用:

只有全面学习,才能深刻领会报告的精神实质。(本质× 性质×)
我认为你并没有把握住这本书的内容实质。(本质× 性质×)
对你来说,认真学习好政策、法规,掌握其精神实质很重要。(本质× 性质×)

4."性质"可以有多个,"本质"和"实质"只有一个;"性质"可以和"几个、哪些、恶劣、根本、特殊、固有"等词语组合,"本质"和"实质"不能这样用:

哪些性质 性质严重 性质恶劣 性质特殊(本质× 实质×)
什么性质 特殊性质 根本性质 固有的性质(本质× 实质×)
你能说出氧气的一些性质吗?(本质× 实质×)
氧气具有哪些性质?(本质× 实质×)
这个案件具有特殊的性质。(本质× 实质×)
水的根本性质是无色无味。(本质× 实质×)

5."本质"还有形容词的用法,可做定语,表示根本的、有决定意义的;"实质"可组成"实质性"做定语:

本质特征　本质问题　本质的区别　本质的不同（实质×　性质×）

这种现象反映了一个本质问题。（实质×　性质×）

气体的本质特征是什么？（实质×　性质×）

事情还没有取得实质性的进展。（本质×　性质×）

谈判进入了实质性阶段。（本质×　性质×）

避免 bìmiǎn（动 avoid, prevent something from happening）
防止 fángzhǐ（动 prevent, guard against）

【相同】

都是动词，做谓语，表示想办法不让某种不好的情况发生。常常可以互换：

这里车多人多，开车要小心，避免交通事故的发生。（防止√）

成绩好的同学要避免骄傲自满。（防止√）

我这样做是为了防止下一次再犯同样的错误。（避免√）

天冷了，出门要多穿衣服，防止感冒。（避免√）

【不同】

1. "防止"主要表示事先采取措施，制止不好的情况发生；"避免"没有事先采取措施的意思，只表示不使事发生：

他家养了一条大狗，防止小偷进入。（避免×）

他给手机设置了开机密码，防止别人偷看手机里的内容。（避免×）

多亏发现及时，才避免了一场大火。（防止×）

飞机遇到了风暴，幸亏飞行员技术好，避免了一场空难。（防止×）

2. "防止"不一定是人的行为；"避免"一般是人的行为：

淡颜色的衣服能够防止蚊子的叮咬。（避免×）

脂肪具有保护皮肤、防止细菌繁殖等功能。（避免×）

电线外面包裹的一层塑料能够有效**防止**漏电。（避免 ×）

3. "避免"常跟"冲突、争吵、矛盾、损失、误会、怀疑、麻烦"等词语搭配，后面还可以跟短语"和A+动词"（A=人），还可以说"难以避免、不可避免、无法避免、避免不了"；"防止"一般不这样用：

<u>避免麻烦</u>　<u>避免伤亡</u>　<u>避免误解</u>　<u>避免战争</u>　<u>避免冲突</u>（防止 ×）
<u>避免和他接触</u>　<u>避免和他说话</u>　<u>避免和他一起外出</u>（防止 ×）
你这样做，可以<u>避免</u>很多不必要的麻烦。（防止 ×）
本来，这些矛盾是可以<u>避免</u>的。（防止 ×）
这几天，你尽量<u>避免</u>和他见面。（防止 ×）
他们俩都很急躁，发生争吵是难以<u>避免</u>的。（防止 ×）

---

便利 biànlì（形 convenient）；(动 make things convenient)
方便 fāngbiàn（形 convenient）；(动 make things convenient, go to the lavatory)

---

【相同】

都是形容词兼动词，指事情或行动很顺利，不麻烦。"便利"多用于书面语，"方便"书面语、口语都很常用。用于交通、商场、银行、办理事务等方面时可以互换：

地铁开通以后，从学校到机场十分<u>方便</u>。（便利 √）
商家想方设法为消费者提供<u>方便</u>的服务。（便利 √）
附近新开了好几家大商场，居民购物<u>便利</u>多了。（方便 √）
有关部门简化了办理护照的手续，大大<u>便利</u>了市民。（方便 √）

【不同】

1. "便利"可组成"……（的）便利"；"方便"不能这样用。"便利"和"方便"都可以做定语，但在一些搭配中不能互换：

工作<u>便利</u>　职务<u>便利</u>　性别<u>便利</u>（方便 ×）

自由进出的便利　　进入办公大楼的便利（方便 ×）
方便面　方便食品　方便菜肴　方便盒饭（便利 ×）
便利店　便利品　便利商店　便利超市　便利条件（方便 ×）
他利用职务便利，贪污了几百万元。（方便 ×）
有了记者这个工作的便利，他可以了解到很多信息。（方便 ×）
她利用性别便利，多次进入女生宿舍进行盗窃。（方便 ×）

2. "方便"表示使人不感到麻烦费劲，使用范围比"便利"广；"便利"主要表示因为某些机构的出现或变化而使事情变得容易、顺利，多用于交通、商场、银行、办理事务等方面：

方便查找　方便出行　方便使用　方便联系　方便查询（便利 ×）
请留下您的电话号码，方便跟您联系。（便利 ×）
您身体不好，衣服就让我洗吧，很方便的。（便利 ×）
坐车去要换好几趟车，还是开车去比较方便。（便利 ×）
小林一个人做饭很随便，越方便越好。（便利 ×）
有了自动柜员机，去银行办业务越来越方便了。（便利 √）
地铁通了以后，这一带的交通会变得十分方便。（便利 √）

3. "方便"还有"合适"的意思，还可以指上厕所；"便利"没有这样的用法：

方便的时候，我们再聚吧。（合适。便利 ×）
现在去不方便，大家都睡午觉呢。（合适。便利 ×）
对不起，我要去方便一下。（上厕所。便利 ×）

---

表面 biǎomiàn（名 surface）
外表 wàibiǎo（名 outward, appearance）

【相同】

都是名词，做主语或宾语，指人或物体露在外面可以看见的部分，或外在的可以观察到的现象。有时可以互换：

这台机器的表面没有受损，但却无法正常使用。(主语。外表 √)

看人不能只看外表，更要看内心。(宾语。表面 √)

人们总是很容易被事物的表面欺骗。(外表 √)

从外表看，你根本无法看出这两部手机的区别。(表面 √)

【不同】

1. "表面"主要指物体上面一层跟外界接触的部分，"外表"则主要指物体的整个外观、外貌，语义明确时不可互换：

我的手机屏幕表面贴了一层保护膜。(外表 ×)

桌子表面都被划花了。(外表 ×)

这个收音机外表非常陈旧，不过还能用。(表面 ×)

她外表是很漂亮，不过性格很古怪。(表面 ×)

2. "表面"与"本质、实质"相对，可用于抽象事物；"外表"与"里面、内部"相对，多用于人、动植物和具体事物：

你看问题不能只看表面。(外表 ×)

从表面看来，事情并不是那么复杂。(外表 ×)

你看到的这种繁荣只是表面的。(外表 ×)

这姑娘虽有美丽的外表，内心却十分阴暗丑陋。(表面 ×)

这部车外表时尚，但实际上内部的零件质量很差。(表面 ×)

3. "表面"可以放在一些名词前做定语；还可以做状语，常说成"表面上"。"外表"没有这样的用法：

表面现象　表面文章　表面的繁荣　表面的问题(定语。外表 ×)

表面高兴　表面生气　表面伤心　表面对你好(状语。外表 ×)

这些都是表面现象。(定语。外表 ×)

他表面对你好，内心里可恨你了。(状语。外表 ×)

他表面上很喜欢你，其实不一定。(状语。外表 ×)

> 别人 biérén（代 other people, anybody else, somebody else）
> 人家 rénjia（代 other people）

**【相同】**

都是代词，泛指说话人和听话人以外的人，和"自己"相对。"人家"多用于口语，"别人"口语、书面语都用。经常可以互换：

先做好自己的事，再去管别人的事。（人家 √）

自己得到好处的同时，也要让别人得到好处。（人家 √）

把电视机关了，别影响人家学习。（别人 √）

小声点儿，不要影响人家休息。（别人 √）

**【不同】**

1. "别人"既可指"某些人"，即说话人、听话人以外的某一部分人，也可指"其他人"，即除了说话人和听话人以外的任何人；"人家"特指"某些人"，有一定的范围：

家里只有我和妈妈，没有别人。（人家 ×）

他总是把困难留给自己，把方便让给别人。（人家 ×）

这事我只告诉你一个人，你千万不要告诉别人。（人家 ×）

人家都下班了，你怎么还在忙？（别人 √）

同意不同意是人家的事，你不要干涉！（别人 √）

2. "人家"还可以指上文出现过的人和单位，相当于"他、他们"；"别人"没有这样的用法：

小李正在准备考试，人家哪里有时间跟你喝酒？（别人 ×）

朋友们那么关心你，你不努力，怎么对得起人家？（别人 ×）

这几个学校办得很好，我们应该向人家学习。（别人 ×）

3. "人家"还可以用在人名、地名、国名之前，通常是赞赏的语气；"别人"没有这样的用法：

看人家小明多有礼貌啊！（别人 ×）

别人　人家；　财产　财富　19

人家老王都找过你三次了，你就答应他吧。（别人 ×）
你看人家云南的气候多好，不冷不热，四季如春。（别人 ×）
4.女性在对话中常用"人家"指代说话人自己，有撒娇的意味；"别人"不这样用：

A：你怎么还不起床？B：人家不舒服嘛！（别人 ×）
你老说要吃我做的菜，人家做了，你又不吃！（别人 ×）

# C

> 财产 cáichǎn（名 property, assets, estate）
> 财富 cáifù（名 riches, wealth, fortune）

【相同】

都是名词，做主语或宾语，指有价值的东西。在指具体的物质时，常可互换：

他是个成功的商人，财富多得数不清。（主语。财产 √）
这栋房子是他唯一的财富。（宾语。财产 √）
老人的全部财产就只有这几万块钱。（财富 √）
一间破房子、一辆旧自行车，就是他的全部财产。（财富 √）

【不同】

1."财产"指具体的物质，如产业、土地、房屋、金钱、物品等，一般属于个人、集体或国家：

公共财产　私人财产　集体财产　财产抵押　财产保险（财富 ×）
警察的职责是保护人民的生命财产安全。（财富 ×）
为了保护国家的财产，他献出了自己的生命。（财富 ×）

要爱护公共财产，不要损坏桌椅和其他教学设施。（财富 ×）

2. "财富"可以是物质的，也可以是知识、文化等精神上的，还可以是人才或自然资源，可以属于个人、集体、国家，也可以属于整个社会、人类：

自然财富　精神财富　知识财富　创造财富　追求财富（财产 ×）
社会的财富　人类的财富　民族的财富（财产 ×）
人们常说知识就是财富。（财产 ×）
有人认为员工是一个企业的最大财富。（财产 ×）
劳动者为社会创造了大量的财富。（财产 ×）
文学家们为人类留下了宝贵的精神财富。（财产 ×）

---

差距 chājù（名 gap, disparity）
距离 jùlí（名 distance, range）；（动 be apart from）

---

【相同】

都是名词，表示离某一标准、要求还不够，存在不足。"有差距"和"有距离"在用于事物时，常可互换：

我的论文写得不太好，离老师的要求还有差距。（距离 √）
中国人均收入与发达国家相比，仍有差距。（距离 √）
红队的足球技术与蓝队相比，还有距离。（差距 √）

【不同】

1. 人和人之间"有差距"与"有距离"意思不同："有差距"表示双方在某一方面如能力、水平、经济等存在高低强弱的差别；"有距离"表示相互之间的关系不亲密：

我和罗西之间有差距。（能力、水平等有高低的差别。距离 ×）
我和父母之间有距离。（关系不亲密。差距 ×）
因为从小不在父母身边，他和父母之间总感觉有距离。（差距 ×）

我和他之间始终有距离，不能说心里话。（差距 ×）

2. "差距"指事物之间相差的程度，前面的定语常是"贫富、城乡、质量、收入、年龄"等，可以用"大、小"来形容；"距离"不这样用：

贫富差距　城乡差距　年龄差距　收入的差距（距离 ×）
质量的差距　找出差距　扩大差距（距离 ×）
差距大　差距不大　差距很小　巨大的差距　很小的差距（距离 ×）
每一个国家都存在着贫富差距。（距离 ×）
中国正在努力缩小东部地区和西部地区的发展差距。（距离 ×）
这次考试成绩说明同学之间的差距并不大。（距离 ×）
我的成绩和别人相比，差距还很大。（距离 ×）

3. "距离"可以指两地或两物之间的长度，还表示人与人之间抽象的相隔长度（心理、情感等）；前面的定语常是"直线、空间、合适、心理、情感"等，可以用"远、近"来形容。"差距"没有这样的用法：

直线距离　空间距离　合适的距离（差距 ×）
心理距离　情感距离　保持距离（差距 ×）
近距离　远距离　距离远　距离近　最近的距离（差距 ×）
从教室到图书馆的距离有多远？（差距 ×）
她不习惯别人这么近距离地和她说话。（差距 ×）
远距离指挥无人机飞行，称为遥控飞行。（差距 ×）
手机微信可以拉近人与人之间的情感距离。（差距 ×）
随着了解的加深，我们之间的距离在逐渐缩小。（差距 ×）

4. "距离"还可以做动词，表示在时间或空间上相隔，相当于"离"；"差距"没有这样的用法：

天津距离北京有120公里。（差距 ×）
现在距离考试只有十天了。（差距 ×）

尝试 chángshì（动 attempt, try）;（名 attempt）
试 shì（动 try, test）

【相同】

都是动词，做谓语，表示探索性地做以前没有做过的事情。都可以重叠，可以和"着、了、过、一下"连用，此时可互换：

尝试过　尝试着　尝试了　尝试一下（试√）

我已经尝试了所有的方法，结果都不行。（试√）

他第一次尝试着用微信付款，很顺利。（试√）

你的想法很好，可以大胆去尝试一下。（试√）

我试过了，这种方法的效果并不好。（尝试√）

我们先试试，看看行不行。（尝试尝试√）

【不同】

1. "尝试"多用于自己从来没有做过或经历过的事情，目的在于得到一种新的经历，结果怎样并不重要。"尝试"如果不重叠，或后面没有"着、了、过、一下"等，不能用"试"替换：

这个暑假我想尝试自己一个人去旅行。（试×）

趁年轻，我们应该尝试不同的工作。（试×）

这学期王老师开始尝试使用多媒体教学。（试×）

无论什么新鲜事，他都要尝试。（试×）

2. "试"多用于日常生活，"试"的多是衣物、食品、用品、电器等具体的东西或一些具体的办法，目的是看看这些东西或办法好不好、合适不合适：

试用　试穿　试吃　试营业　试衣服　试鞋　试一试（尝试×）

我想试一下这个开关好不好用。（尝试×）

这件衣服你穿一定漂亮，你试试。（尝试尝试×）

新手机你可以试用两天，有问题再来换。（尝试×）

冰糖炖梨可以清热止咳,你可以试一试。(尝试 ×)

3. "尝试"还有名词的用法,可以做"做、进行"的宾语,前面可以有量词"次、种";"试"不能这样用,"试"可以构成"可以一试、值得一试"等短语:

人的一生都在不断地进行新的<u>尝试</u>。(试 ×)
她做过多次<u>尝试</u>,但结果都是失败。(试 ×)
我们进行了一次有趣的<u>尝试</u>。(试 ×)
当演员是一种<u>尝试</u>,一种挑战。(试 ×)
这家饭店的菜不错,很值得一<u>试</u>。(尝试 ×)

---

场合 chǎnghé(名 occasion, situation)
场面 chǎngmiàn(名 occasion, scene)
场所 chǎngsuǒ(名 place, site)

---

【相同】

都是名词,都和处所、地点有关,可以做主语、宾语,前面常常有定语修饰。"场合"和"场所"有时可以互换:

公共<u>场所</u> 特殊<u>场所</u> 人多的<u>场所</u> 不同的<u>场所</u>(场合 √ 场面 ×)
老张一到人多的<u>场合</u>就觉得很紧张。(场面 × 场所 √)
公共<u>场所</u>要遵守秩序。(场合 √ 场面 ×)
在这种<u>场所</u>你要特别注意自己的言行。(场合 √ 场面 ×)

【不同】

1. "场合"具有一定时间、地点、情况、气氛等,比较抽象:

正式<u>场合</u> 外交<u>场合</u> 公开<u>场合</u> 严肃的<u>场合</u>(场面 × 场所 ×)
外交<u>场合</u>说话要慎重,举止要得体。(场面 × 场所 ×)
说话要注意<u>场合</u>,在严肃的<u>场合</u>不要开玩笑。(场面 × 场所 ×)
在一个偶然的<u>场合</u>,他们认识了。(场面 × 场所 ×)

2. "场所"指供人们开展活动、聚集的处所，比较具体：

娱乐<u>场所</u>　运动<u>场所</u>　活动<u>场所</u>　休息<u>场所</u>　办公<u>场所</u>（场合 ×　场面 ×）

这个城市娱乐<u>场所</u>很多，有电影院、歌舞厅等。（场合 ×　场面 ×）
学校是培养人才的<u>场所</u>。（场合 ×　场面 ×）
市中心的广场是市民们的活动<u>场所</u>。（场合 ×　场面 ×）
这里是办公<u>场所</u>，说话要注意！（场合 ×　场面 ×）

3. "场面"指在一定的地点和环境中的情景，多指较盛大、隆重的情景：

热烈的<u>场面</u>　激动的<u>场面</u>　盛大的<u>场面</u>　隆重的<u>场面</u>　壮观的<u>场面</u>（场合 ×　场所 ×）

我用录像机把比赛的激动<u>场面</u>拍了下来。（场合 ×　场所 ×）
舞会的<u>场面</u>很热烈，大家都很开心。（场合 ×　场所 ×）
大家谁也不说话，<u>场面</u>十分尴尬。（场合 ×　场所 ×）

4. "场面"还特指电影、电视、戏剧中由背景、音乐和人物组成的生活情景、画面：

电影《英雄》中的武打<u>场面</u>很精彩。（场合 ×　场所 ×）
这部电视剧中母女俩相认的<u>场面</u>很感人。（场合 ×　场所 ×）

---

迟疑 chíyí（动 hesitate）;（形 indecisive, hesitant）
犹豫 yóuyù（动 hesitate）;（形 indecisive, unable to make up one's mind）

---

【相同】

都表示拿不定主意，下不了决心，都可做谓语。"迟疑"较多用于书面语，"犹豫"书面语和口语都用，常可互换：

小刘<u>迟疑</u>了一会儿，才把事情的经过说了出来。（犹豫 √）
我们需要马上做出决定，不能再<u>迟疑</u>了。（犹豫 √）

到底下不下车，我们正<u>迟疑</u>着，车门关了。（犹豫 √）

大卫<u>犹豫</u>了一会儿，最后还是参加了活动。（迟疑 √）

【不同】

1. "迟疑"主要指人的行动慢、不果断；"犹豫"主要指人的内心或态度，想得太多，拿不定主意。"迟疑"的时间一般比较短；"犹豫"的时间可长可短：

阿红<u>迟疑</u>地打开了这封信。（犹豫 ×）

小明<u>迟疑</u>地走到父亲身边。（犹豫 ×）

拉莉心里<u>犹豫</u>着，不知道该怎么办。（迟疑 ×）

看他的表情，就知道他一定心里很<u>犹豫</u>。（迟疑 ×）

阿里<u>迟疑</u>了片刻后，还是敲响了邻居的门。（犹豫 √）

她<u>犹豫</u>了好几个月，最后还是决定留下来。（迟疑 ×）

2. "犹豫"可以受"很、非常、特别"等词语的修饰，还可以说"犹豫来犹豫去"；"迟疑"不能这样用：

有点<u>犹豫</u>　有些<u>犹豫</u>　稍一<u>犹豫</u>　毫不<u>犹豫</u>（迟疑 √）

很<u>犹豫</u>　特别<u>犹豫</u>　非常<u>犹豫</u>　<u>犹豫</u>来<u>犹豫</u>去（迟疑 ×）

他说话很<u>犹豫</u>，我知道他一定有心事。（迟疑 ×）

王强做这个决定时，特别<u>犹豫</u>。（迟疑 ×）

张志刚<u>犹豫</u>来<u>犹豫</u>去，下不了决心。（迟疑 ×）

3. "犹豫"可以重叠做谓语和状语；"迟疑"重叠多做状语，但用得较少：

你别<u>犹犹豫豫</u>的了，快作决定吧。（谓语。迟疑 ×）

你怎么这样<u>犹犹豫豫</u>的？（谓语。迟疑 ×）

他<u>犹犹豫豫</u>地说："好吧，那就这样吧。"（状语。迟迟疑疑 √）

冲突 chōngtū（名 conflict）；（动 clash）
矛盾 máodùn（名 contradiction）；（形 contradictory）

**【相同】**

都是名词，指观点、看法、意见、事物之间不一致、对立、相反的地方。都可做谓语和宾语，有时可以互换，并且经常连用：

我认为大卫和罗西的观点并不<u>冲突</u>。（矛盾 √）
他俩对这个问题的看法有<u>冲突</u>。（矛盾 √）
这篇文章的观点前后有<u>矛盾</u>。（冲突 √）
即使是好朋友，有时也会发生<u>矛盾</u>。（冲突 √）
他负责处理居民之间的各种<u>矛盾冲突</u>。

**【不同】**

1. "冲突"的语义较重，是表现出来的矛盾，多指发生激烈的斗争或争论，严重的可以上升为武力；"矛盾"的语义轻，只表示人或事物之间不一致，有对立、互相排斥的地方，不一定表现出来。"矛盾"和"冲突"各有一些搭配，不能互换：

军事<u>冲突</u>　武装<u>冲突</u>　流血<u>冲突</u>　直接<u>冲突</u>　利害<u>冲突</u>　起<u>冲突</u>（矛盾 ×）
主要<u>矛盾</u>　基本<u>矛盾</u>　各种<u>矛盾</u>　自相<u>矛盾</u>　闹<u>矛盾</u>　加深<u>矛盾</u>（冲突 ×）

两国军队发生了武装<u>冲突</u>，数十人死亡。（矛盾 ×）
同学之间不存在大的利害<u>冲突</u>。（矛盾 ×）
他们俩经常闹<u>矛盾</u>，关系不太好。（冲突 ×）
我内心的<u>矛盾</u>，别人是无法理解的。（冲突 ×）

2. "冲突"的双方在句中一般都出现，多是不同的人、意见、观点，也可以是工作安排、时间等；"矛盾"的双方在句中可以不出现，不能是工作安排、时间：

昨天，警察和罢工者发生了冲突。（矛盾 ×）
这两个会议在时间上冲突了，得改一下。（矛盾 ×）
你的安排和我的安排有冲突，需要调整一下。（矛盾 ×）
改革的过程中会有很多的矛盾和困难。（冲突 ×）
旧的矛盾解决了，新的矛盾还会产生。（冲突 ×）

3. "冲突"还有动词的用法，后面可以带"了、过、起来"；"矛盾"还有形容词的用法，前面可以有"很、十分、非常"等副词，后面可带表示程度的补语"极了、很"：

冲突了几次　冲突过几次　冲突起来了（矛盾 ×）
很矛盾　非常矛盾　十分矛盾　矛盾极了　矛盾得很（冲突 ×）
他们为这事冲突过好几次了。（矛盾 ×）
不知为什么，他们就冲突起来了。（矛盾 ×）
玛丽心里很矛盾，不知道该怎么办。（冲突 ×）
是去还是不去，她心里矛盾得很。（冲突 ×）

> 充分 chōngfèn（形 adequate, abundant, full）
> 充实 chōngshí（形 substantial, rich）；（动 substantiate, enrich）
> 充足 chōngzú（形 adequate, sufficient）

【相同】

都是形容词，表示足够多，不缺乏。都可以做谓语、定语，都可以受程度副词的修饰。在用于"理由、证据、时间、信心、准备"等时，"充分"和"充足"常可互换：

充分的理由　充分的证据　充分的时间　充分的信心（充实 ×　充足 √）
小王的理由很充分，我们相信他。（充实 ×　充足 √）
你有没有充分的证据来证明他有罪？（充实 ×　充足 √）

我们有充足的信心，你放心吧。（充分 √　充实 ×）

**【不同】**

1. "充分"表示程度很高，多用于抽象的事物，如"自由、民主、信任、说服力"等：

充分的自由　充分的民主　充分的了解　充分的信任　充分的认识　充分的说服力（充实 ×　充足 ×）

大家对这项工作的重要性有充分的认识。（充实 ×　充足 ×）

阿强的话具有充分的说服力。（充实 ×　充足 ×）

感谢大家给予我充分的信任和支持。（充实 ×　充足 ×）

2. "充足"强调数量多，多用于较为具体的事物，如"人力、财力、体力、物品、粮食、材料、营养、光线、阳光、水分"等：

充足的人力　充足的财力　充足的体力　充足的物品　充足的粮食　充足的营养　充足的阳光　充足的水分（充分 ×　充实 ×）

人力充足　物品充足　体力充足　粮食充足　材料充足　阳光充足　营养充足　水分充足（充分 ×　充实 ×）

海南岛一年四季都有充足的阳光。（充分 ×　充实 ×）

我们的这个活动需要有充足的经费。（充分 ×　充实 ×）

今年的雨水特别充足，所以庄稼都长得很好。（充分 ×　充实 ×）

3. "充实"表示丰富，不空洞、不空虚，多用来形容"生活、人生、日子、内容、精神"等，不能和"充分"或"充足"互换：

充实的生活　充实的内容　充实的人生　充实的日子（充分 ×　充足 ×）

生活充实　内容充实　日子充实　精神充实（充分 ×　充足 ×）

工作虽然忙碌，但精神上觉得很充实。（充分 ×　充足 ×）

这篇文章的内容很充实。（充分 ×　充足 ×）

虽然每天都很忙，但我觉得日子过得很充实。（充分 ×　充足 ×）

4. "充分"还可以修饰双音节动词，做状语，表示尽量或足够；"充实"和"充足"不可做状语：

充分（地）利用　充分（地）发挥　充分（地）调动　充分（地）说明　充分（地）展示　充分（地）证明　充分（地）显示　充分（地）了解（充实 ×　充足 ×）

我们要充分利用一切条件来保护自然环境。（充实 ×　充足 ×）
老师在课堂上要充分地调动学生的积极性。（充实 ×　充足 ×）
这些证据充分说明他不是凶手。（充实 ×　充足 ×）

5. "充实"还有动词的用法，可以带宾语，表示使丰富、增加：
充实内容　充实知识　充实精神　充实力量　充实自己（充分 ×　充足 ×）

年轻教师的加入，充实了学校的力量。（充分 ×　充足 ×）
每一个人都要用知识不断充实自己。（充分 ×　充足 ×）

---

从来 cónglái（副 always, at all times）
向来 xiànglái（副 always）
一向 yíxiàng（副 consistently, all along）

---

【相同】

都是副词，表示从过去到现在一直都是这样，没有变化。做状语，都可修饰动词性短语、形容词性短语或分句。否定句中常可互换：

我们家从来不养小动物。（向来 √　一向 √）
田中从来不吸烟，也不喝酒。（向来 √　一向 √）
杰夫向来不喜欢晚上看书。（从来 √　一向 √）
林文一向不善于表达。（从来 √　向来 √）

【不同】

1. "向来"和"一向"多用于肯定句中，可以直接修饰一些双音节形容词或动词短语；"从来"多用于否定句，用于肯定句时有限制：

只修饰形容词短语"都很+A"（A=形容词），或者修饰动词短语"都+V"（V=动词短语）：

玛丽对人一向热情。（从来 ×　向来 √）
玛丽对人一向很热情。（从来 ×　向来 √）
玛丽对人从来都很热情。（都很+A。向来 √　一向 √）
我夏天向来洗冷水澡。（从来 ×　一向 √）
我夏天从来都洗冷水澡。（都+V。向来 √　一向 √）
我向来信任老刘。（从来 ×　一向 √）
我从来都非常信任老刘。（都+V。向来 √　一向 √）

2. "从来"可以修饰"没（有）V过"（V=动词），"向来"和"一向"不能这样用：

这种事我从来没听说过。（向来 ×　一向 ×）
我从来没去过印度尼西亚。（向来 ×　一向 ×）
我从来没有这样想过。（向来 ×　一向 ×）

# D

答复 dáfù（动 formally reply, answer）；（名 formal reply）
回答 huídá（动 reply, answer）；（名 reply, response）

【相同】

都是动词兼名词，指回应别人的问话，对别人提出的问题进行解释，或对别人提出的要求作出回应。有时可以互换：

正面答复　认真答复　满意的答复　明确的答复　作出答复（回答 √）

导游没有马上**答复**游客们提出的问题。（回答 √）
总经理的秘书负责**答复**公司员工提出的各种问题。（回答 √）
这样的**回答**是我没想到的。（答复 √）
医生给了我一个明确的**回答**。（答复 √）

【不同】

1. "回答"主要指对问题或问话作出解释，常有正确和错误、好和差的区别，多用于日常的学习、生活、工作。"回答"多是口头的，多是当时就作出的：

正确的**回答**　错误的**回答**　**回答**得很精彩　**回答**得很好（答复 ×）
先听录音，然后我提问，你们**回答**。（答复 ×）
课堂上要积极**回答**问题。（答复 ×）
这个问题，李明的**回答**是对的。（答复 ×）
我问你问题呢，你怎么不**回答**？（答复 ×）

2. "答复"是经过考虑研究后对请求、问题等作出正式回应，没有正确与错误之分，常用于比较正式严肃的场合。"答复"可以是书面的，可以是当时作出，也可以是一段时间之后作出：

关于出租车提高价格的要求，目前市政府还没有**答复**。（回答 ×）
他们的请求没有得到官方的正式**答复**。（回答 ×）
你们咨询的问题，一周后会收到书面**答复**。（回答 ×）
这几封读者的来信要尽快**答复**。（回答 ×）
这事我明天给你**答复**，好吗？（回答 ×）
陈先生他们的要求很快就有了**答复**。（回答 ×）

3. "答复"是针对提问者的要求做出的，答复者是被问的人；而"回答"还可以是针对某人或某些人提出的问题作出的，回答者不一定是被问的人：

世界是怎么产生的？神学的**回答**是：上帝创造的。（答复 ×）
哲学是什么？不同的人会有不同的**回答**。（答复 ×）
什么是市场经济？为了**回答**这个问题，他进行了研究。（答复 ×）

> 打击 dǎjī（动 strike, attack, hit）；（名 attack）
> 攻击 gōngjī（动 attack, assault, accuse）；（名 attack）

【相同】

都是动词兼名词，都指进攻别人，使之受到损害。但意思和用法都有不同，一般不能互换。

【不同】

1. "打击"主要是使人受挫折；"攻击"主要是军事上的进攻：

对孩子要多表扬，不要打击他们的自信心。（攻击 ×）

生意失败，对他来说是一个很大的打击。（攻击 ×）

我们要狠狠打击犯罪分子。（攻击 ×）

清晨，红军开始猛烈地攻击蓝军的阵地。（打击 ×）

敌人的这次攻击又失败了。（打击 ×）

2. "打击"还有敲打撞击的意思；"攻击"没有这个意思：

上海乐团有各种各样的打击乐器。（攻击 ×）

犯罪分子用铁锤打击受害人的头部。（攻击 ×）

架子鼓特别讲究打击力度和打击节奏。（攻击 ×）

3. "攻击"还指用语言文字对人进行恶意指责；"打击"没有这个意思：

有错误你可以批评，但不能随便攻击别人。（打击 ×）

这篇文章攻击的是政府的外交政策。（打击 ×）

在任何情况下，都不应该侮辱别人，对别人进行人身攻击。（打击 ×）

打扰 dǎrǎo（动 disturb, bother）
干扰 gānrǎo（动 disturb, interfere）;（名 interference）

【相同】

都可以做动词，指影响和扰乱别人的正常生活，使别人产生混乱或不安；都可以带表人的宾语。有时可以互换，但"干扰"的影响程度比"打扰"高，语义也比较重：

放心吧，不会有人来打扰你们的。（干扰 √）

有事明天再说，现在别去打扰他。（干扰 √）

张老师正忙着备课，不想受到干扰。（打扰 √）

爸爸正在写文章，你不要干扰他。（打扰 √）

【不同】

1. "打扰"主要指使别人的日常活动受到影响，如休息、吃饭、工作、开会等，后面的宾语一般是表人的名词或代词；"干扰"主要指打乱和妨碍活动的正常进行，多用于个人或集体的重要事情，如生活、学习、思想、比赛等，后面的宾语可以是事物名词：

他正在睡觉，别打扰他！（干扰 ×）

你不要打扰小王吃饭，有什么事等会儿再说。（干扰 ×）

他正在复习功课，怎么能打扰他呢？（干扰 ×）

这些事件严重干扰了国家的经济建设。（打扰 ×）

他们千方百计干扰调查工作的进行。（打扰 ×）

你们在这里喊人叫，会干扰比赛的。（打扰 ×）

2. "打扰"指人的某种行为影响了别人的正常活动，主语是人；"干扰"还可以是由噪音、电磁波或其他各种因素引起的，主语可以是事物：

工地的噪音严重干扰了居民的生活。（打扰 ×）

这种新式移动电话会干扰周围的其他电子设备正常工作。（打扰 ×）

家庭矛盾已经严重干扰了他的日常工作。(打扰 ×)

3. "打扰"常用来当面表示歉意;"干扰"没有这样的用法:

对不起,打扰你休息了。(干扰 ×)

又来打扰你了,真不好意思。(干扰 ×)

对不起,打扰了!(干扰 ×)

4. "干扰"还可以做动词的宾语,可以做名词;"打扰"没有这样的用法:

受到干扰　排除干扰　产生干扰　克服干扰(打扰 ×)

避免干扰　减少干扰　造成干扰　存在干扰(打扰 ×)

这件事对他的学习是一个很大的干扰。(打扰 ×)

你要排除各种干扰,努力搞好自己的工作。(打扰 ×)

---

当初 dāngchū(名 originally)

起初 qǐchū(名 originally)

最初 zuìchū(名 at the beginning, initially)

---

【相同】

都是名词,都指开始的时候,做状语。有时可以互换:

当初我们互不认识,现在成了好朋友。(起初 √　最初 √)

起初他感到学汉语很难,后来就越来越容易了。(当初 √　最初 √)

最初这里只有一条小路,行走非常困难。(当初 √　起初 √)

这儿最初是一片荒地,后来才盖起了高楼。(当初 √　起初 √)

【不同】

1. "当初"指过去发生事情的某个时候或泛指从前,所强调的时间不一定是最早的那个时候,常说"想当初":

当初我劝你冷静一点儿,你不听,现在后悔了吧!(起初 ×　最初 ×)

当初她得奥运会冠军时才18岁。(起初 ×　最初 ×)

当初　起初　最初；倒闭　破产

想当初，她16岁就开办了一家电脑公司，多了不起呀！（起初 ×　最初 ×）

想当初我也是这样从早到晚地干个不停。（起初 ×　最初 ×）

2."当初"后面还常跟表示假设的复句；"起初"和"最初"一般不这样用：

你当初如果听我的话，现在早就成功了。（起初 ×　最初 ×）

我当初假如去找你，你会答应吗？（起初 ×　最初 ×）

当初他们如果努力学习，说不定能考上大学。（起初 ×　最初 ×）

当初小王要是不回国工作，就不可能遇到现在的妻子。（起初 ×　最初 ×）

3."起初"和"最初"都指最早的时候，强调起始的意义，相当于"开始"，后面常有另外一个分句说明情况与最开始的时候不同。在有明确的时间限定时，不能和"当初"互换：

我去找她，她起初说同意，后来不知怎么搞的又不同意了。（当初 ×　最初 √）

学好汉语需要一个过程，起初比较难，慢慢就容易了。（当初 ×　最初 √）

刚到广州时，我最初听不懂广州话，但现在差不多都能听懂了。（当初 ×　起初 √）

来中国后，最初我在北京学习，一年后来到上海。（当初 ×　起初 √）

倒闭 dǎobì（动 close down, go bankrupt）

破产 pòchǎn（动 go bankrupt, become impoverished）

【相同】

都是动词，都指企业因经济困难而停业。有时可以互换：

这家公司近几年连续亏损，今年倒闭了。（破产 √）

他把一个快要倒闭的工厂救活了。（破产 √）
这次货币信用危机使得大批银行破产。（倒闭 √）
要不是你不听大家的劝告，公司也就不会破产了。（倒闭 √）

【不同】

1. "倒闭"指因亏本而停止营业；"破产"则指债务人不能偿还债务时，法院裁定将债务人财产变价后依法归还债主，其不足之数不再偿付。"破产"一般多用于公司、银行、企业、机构等，"倒闭"还可用于商场、店铺、餐厅等：

没想到这么大的一家跨国公司就这样破产了。（倒闭 √）
受亚洲金融危机的影响，许多金融机构纷纷破产。（倒闭 √）
她儿子开的服装店因为连年亏本，去年年底倒闭了。（破产 ×）
由于疫情影响人们出行，不少商铺和餐厅都倒闭了。（破产 ×）

2. "破产"还可以指失去全部财产，对象可以是个人，中间可以插入"了"；"倒闭"没有这样的用法：

曾经是亿万富翁的张老板，突然宣布自己已经破产。（倒闭 ×）
这次的经济危机导致了大量中小企业家和商人破产。（倒闭 ×）
一场洪水使许多农民破了产。（倒闭 ×）

3. "破产"还可以用来比喻事情的失败；"倒闭"没有这样的用法：

破坏和平的阴谋是注定要破产的。（倒闭 ×）
各项经济指标不断下滑，标志着这届政府的财经政策破产。（倒闭 ×）
第二次世界大战的胜利，标志着希特勒霸占欧洲计划的破产。（倒闭 ×）

> 调查 diàochá（动 investigate）；（名 investigation, survey）
> 考察 kǎochá（动 investigate, observe and study）；
> 　　　（名 observation, investigation）

【相同】

都是动词兼名词，都表示观察、了解情况。有时可以互换：

经过<u>调查</u>，专家们已经对这里的情况有所了解。（考察 √）

这里的自然资源情况还要进一步<u>调查</u>。（考察 √）

<u>考察</u>结果发现，这里的水污染非常严重。（调查 √）

【不同】

1. "调查"主要是向人或有关单位部门了解情况，目的是弄清事实，查明真实情况；"考察"主要是亲眼观察，目的是获得对事物的新认识或探寻事物的本质：

为了弄清事件的原因，记者向有关单位进行了<u>调查</u>。（考察 ×）

<u>调查</u>结果证明，这次交通事故完全是超速驾驶造成的。（考察 ×）

这片原始森林还从来没有人<u>考察</u>过。（调查 ×）

通过这次旅行<u>考察</u>，留学生对中国各地的风俗有了初步了解。（调查 ×）

2. "考察"一般要直接到现场进行实地观察和了解；"调查"则可以通过间接的方式了解情况：

老师用网上问卷<u>调查</u>的方式了解大学生的阅读倾向。（考察 ×）

此人研究主要采用电话<u>调查</u>与案例访谈的方式进行。（考察 ×）

交通警察在医院向伤者<u>调查</u>了汽车出事的经过。（考察 ×）

3. "考察"还可以表示细致深刻地观察研究；"调查"没有这样的用法：

这篇文章<u>考察</u>了汉语的反问句，分析了反问句的特点和作用。（调查 ×）

作者详细考察了18世纪欧洲和东亚的社会经济状况。(调查 ×)
本教学实验主要为了考察不同教学方法对近义词学习的影响。(调查 ×)

---

动机 dòngjī（名 motive, intention）
目的 mùdì（名 purpose, aim）

---

【相同】

都是名词，都与采取某一行动、做某件事情有关。有时可以用在同样的语言环境中，但意思不同：

我不知道你这样做的动机是什么？（目的 √）
他的动机是好的，但方法错了。（目的 √）
你说，她究竟是出于什么目的？（动机 √）
没有人能猜测到他出国的真正目的。（动机 √）

【不同】

1. "动机"强调的是促使人采取某个行动、做某件事情最初的想法、出发点；"目的"强调的是最后想要达到的结果，使用范围比"动机"广：

动机不良　动机不纯　良好的动机（目的 ×）
实现目的　达到目的　最终目的（动机 ×）
预期的目的　教育的目的　训练的目的（动机 ×）
我怀疑他的动机不纯。（目的 ×）
你这么做到底有什么目的？（动机 ×）
你的目的是把汉语学好，那你就得下苦功。（动机 ×）

2. "目的"可以组成"目的性、目的地"；"动机"不能这样用：

他做事的目的性不强，对自己要求不高。（动机 ×）
中国已成为世界上重要的旅游目的地。（动机 ×）

> 短 duǎn（形 short, brief）
> 短促 duǎncù（形 very brief, very short）
> 短暂 duǎnzàn（形 of short duration, transient, brief）

**【相同】**

都是形容词，都表示时间不长，都可以形容生命、时间等。做谓语时常常可以互换，不过"短促"的时间最短，"短暂"的时间比"短"更短一些：

他的一生虽然很短，但很有意义。（短促 √　短暂 √）

由于会议时间短促，我们只讨论几个主要问题。（短 √　短暂 √）

生命很短暂，每个人都应该好好珍惜。（短 √　短促 √）

**【不同】**

1."短促"表示短而急，可以形容"声音、呼吸、叫声、声调"等；"短"和"短暂"没有这样的用法：

病人的呼吸十分短促。（短 ×　短暂 ×）

小王突然发出一声短促的叫声。（短 ×　短暂 ×）

教官的口令声很短促，但十分洪亮有力。（短 ×　短暂 ×）

2."短"可以用来形容空间的距离小；"短促"和"短暂"不能这样用：

教学楼到图书馆的直线距离很短，只有百米左右。（短促 ×　短暂 ×）

你这条裤子短了，别再穿了。（短促 ×　短暂 ×）

这条绳子比那条绳子短。（短促 ×　短暂 ×）

3.做定语时，"短"既可以直接修饰单音节词，也可以直接修饰双音节词，不带"的"；"短促"和"短暂"不能修饰单音节词，修饰双音节词时，"短促"一般要加"的"，"短暂"有时可以不加：

短发　短裤　短裙　短袜　短话　短时间　短距离（短促 ×　短暂 ×）

短促的铃声　短促的呼吸　短促的叫声　短促的音调（短 ×　短暂 ×）

短暂（的）休息　短暂（的）治疗　短暂（的）停留（短 ×　短促 ×）

4. "短"可以重叠做定语、谓语，当做定语形容空间距离、长度时，一般要带"的"，形容时间时，可以带"的"也可以不带；"短促"和"短暂"不能重叠：

短短的头发　短短的衣服　短短的手指（短促 ×　短暂 ×）
短短的几天　短短的一个星期　短短的一周（短促 ×　短暂 √）
短短几天，我学到了不少东西。（短促 ×　短暂 ×）
分别才短短一个月，他就变了很多。（短促 ×　短暂 ×）
她把头发剪得短短的，显得很精神。（短促 ×　短暂 ×）
穿了大衣后显得你的腿短短的，不好看。（短促 ×　短暂 ×）

5. "短"可以与"不"共现；"短促"和"短暂"不能这样用：

我们认识的时间不短，但始终没有成为朋友。（短促 ×　短暂 ×）
人的一生说长不长，说短也不短。（短促 ×　短暂 ×）

---

顿时 dùnshí（副 immediately, at once）
立刻 lìkè（副 immediately）

---

【相同】

都是副词，都表示事情或动作发生得很快，有时可以互换：
听说贝克汉姆要来，几个球迷顿时激动得哭了。（立刻 √）
突然停电，全城顿时一片漆黑。（立刻 √）
听到一声尖叫，整个会场顿时乱成一团。（立刻 √）

【不同】

1. "顿时"表示紧接着另一事件发生，一般用于叙述过去的事情；

"立刻"可以用于叙述过去,也可以用于将要发生的事。"顿时"不能用于祈使句;"立刻"可以这样用:

你稍等,我立刻就到。(顿时 ×)

我明天一到北京立刻给你打电话。(顿时 ×)

听到地震的消息,大家的心情立刻紧张了起来。(顿时 √)

请你立刻离开这里。(顿时 ×)

你立刻去一趟办公室,经理有事找你。(顿时 ×)

别立刻给她打电话,稍等一会儿。(顿时 ×)

2. "顿时"修饰的行为动作多是不能控制的;"立刻"修饰的行为动作既可以是不能控制的,也可以是可以控制的:

演出一结束,礼堂里顿时响起了热烈的掌声。(立刻 √)

听了这句话,刘强立刻火冒三丈。(顿时 √)

听到敲门声,李君立刻跑去把门打开。(顿时 ×)

飞机立刻就要起飞了,请大家系好安全带。(顿时 ×)

他一回到家,就立刻把电视打开。(顿时 ×)

3. "顿时"可以放在主语前,"顿时"后还可以有停顿;"立刻"没有这样的用法:

老师一走进教室,顿时大家都不说话了。(立刻 ×)

我走出房间,顿时,热气扑面而来。(立刻 ×)

# F

> 发觉 fājué（动 find, notice, detect）
> 发现 fāxiàn（动 find, discover）；（名 discovery）

【相同】

都可以做动词，表示以前没感觉到、不知道，现在感觉到了、知道了；都可以带主谓短语或动宾短语。经常可以互换：

我发觉玛丽这几天有点儿不高兴。（发现 √）

她突然发现自己长胖了。（发觉 √）

回家后小李才发现丢了钱包，心里难过极了。（发觉 √）

【不同】

1. "发觉"强调通过感觉（视觉、听觉、嗅觉、触觉等）而知道，"发觉"的一般是人或事物的具体情况，使用范围较小。在通过身体的感觉感知自己的问题时，用"发觉"，不用"发现"：

这时，老张才发觉自己出了一身冷汗。（发现 ×）

突然，我发觉自己有点儿头晕。（发现 ×）

刚走出考场，他便发觉自己胸口有点儿不舒服。（发现 ×）

2. "发现"强调通过观察、分析研究而知道，"发现"的多是原来不认识或未了解的人或事物，既用于具体的事物、情况，也用于抽象的事物、规律，使用范围较广：

科学家发现，植物也是有"血型"的。（发觉 ×）

通过实验，我们发现这种细菌可以引起严重的疾病。（发觉 ×）

在认真阅读了这篇论文后，我发现了文中的一些错误。（发觉 ×）

3. "发现"的宾语可以是名词或名词性短语,还可以不带宾语;"发觉"一般必须带宾语,宾语不能是名词或名词性短语:

发现问题　发现目标　发现规律　发现敌人(发觉 ×)

哥伦布发现了新大陆。(发觉 ×)

我发现了一个问题:选修课的时间安排不合适。(发觉 ×)

这种植物是最近在云南发现的。(发觉 ×)

快出来吧,你已经被发现了!(发觉 ×)

这个天然湖泊是 20 世纪 80 年代才被人发现的。(发觉 ×)

4. "发现"也可以做名词;"发觉"不能做名词:

试验结果有什么新发现?(发觉 ×)

科学上的重大发现往往会引起一场技术革命。(发觉 ×)

---

繁华 fánhuá(形 flourishing)
繁荣 fánróng(形 flourishing, prosperous);(动 make something prosper)

---

【相同】

都可以做形容词,都可以形容城市、市场的状况好。有时可以互换,但意思有不同,"繁华"主要表示兴旺、热闹,"繁荣"主要表示发展得好:

这里的小商品市场很繁华。(热闹、兴旺)

这里的小商品市场很繁荣。(发展得好)

上海越来越繁华了,尤其是南京路一带。(热闹、兴旺)

上海越来越繁荣了,尤其是南京路一带。(发展得好)

【不同】

1. "繁华"主要形容城市、街道、商店兴旺、热闹;"繁荣"主要形容国家、地区、经济、行业、文化艺术等蓬勃发展:

繁华的大街　繁华的市区　繁华的都市　繁华的商店(繁荣 ×)

国家繁荣　社会繁荣　经济繁荣　科学繁荣　文化繁荣　艺术繁荣（繁华 ×）

前面那条繁华的街道就是北京路。（繁荣 ×）

我们要把祖国建设成一个繁荣的国家。（繁华 ×）

改革开放以来，社会繁荣，经济繁荣，国家越来越强大。（繁华 ×）

2."繁华"常和"热闹"连用；"繁荣"常和"兴旺、富强、昌盛"连用：

城市虽然繁华热闹，但我还是喜欢农村宁静的生活。（繁荣 ×）

希望我们的祖国更加繁荣富强。（繁华 ×）

相信你们一定会把国家建设得繁荣昌盛。（繁华 ×）

3."繁荣"还有动词的用法，表示"使……变得繁荣"，可以带宾语；"繁华"没有这样的用法：

要采取措施，进一步繁荣山区的经济。（繁华 ×）

各种文艺比赛繁荣了我们的文艺舞台。（繁华 ×）

---

繁忙 fánmáng（形 busy）

忙碌 mánglù（形 busy）；（动 be busy doing）

---

【相同】

都可以做形容词，都表示事情多，没有空闲。有时可以互换：

他最近工作非常繁忙。（忙碌 √）

大多数生活在大城市里的人们每天的生活都异常忙碌。（繁忙 √）

秋天对于农民来说是最忙碌的季节。（繁忙 √）

【不同】

1."繁忙"除了可以形容工作、生活外，还可以用来形容街道、市区、车站、航路、网络、交通等；"忙碌"一般只用于形容工作、生活等：

这条街道虽然不宽敞，但车流量很大，十分繁忙。（忙碌 ×）
这条航路是世界上最繁忙的航路之一。（忙碌 ×）
今天晚上手机网络繁忙，短信经常发不出去。（忙碌 ×）

2. "忙碌"还有动词的用法，后面可以带表示时间的短语；"繁忙"没有这样的用法：

小华已经忙碌了一天了。（繁忙 ×）
他忙碌了一个下午，终于把家里收拾好了。（繁忙 ×）
因为大伙儿的事情，他一天到晚都在忙碌。（繁忙 ×）
母亲正在厨房里为今晚的年夜饭忙碌着。（繁忙 ×）

3. "忙碌"能重叠，可以说"忙忙碌碌"；"繁忙"不能这样用：

这一年忙忙碌碌的，到头来一件事也没干成。（繁忙 ×）
他忙忙碌碌地工作了十几年，终于在广州买下了一套房子。（繁忙 ×）

---

防止 fángzhǐ（动 prevent, guard against）
预防 yùfáng（动 take precautions against, prevent）

---

【相同】

都是动词，都表示想办法避免不好的事情发生。在用于疾病、意外、灾害等时，经常可以互换：

太冷了，我们要多穿衣服，防止感冒。（预防 √）
为了防止病毒传染，请不要与病人接触。（预防 √）
天气干燥，要注意预防火灾。（防止 √）

【不同】

1. "防止"强调不让事情发生，可以用于一切不好的、人为的事情；"预防"强调在事情发生之前做好准备，多用于疾病、意外、灾害等：

为了防止行李超重，很多东西他都没带。（预防 ×）

幸亏他发现得早，才防止了一场火灾。(预防 ×)
政府要求采取各种办法，防止环境污染。(预防 ×)
这种病可以打针预防，但不一定能完全避免。(防止 ×)
洪水来得太突然，来不及预防。(防止 ×)

2. "预防"可以做定语、主语、宾语；"防止"不能这样用：

医生给我打了一剂预防针。(防止 ×)
台风就要来了，请大家做好预防工作。(防止 ×)
预防比治疗更重要。(防止 ×)
今天他给我们讲了交通事故的预防和处理。(防止 ×)

3. "预防"可带多种补语；"防止"较少带补语，若带补语多是"得了、不了"：

预防得早，事故就不会发生。(防止 ×)
他身体那么好，怎么也预防起感冒来了？(防止 ×)
幸亏预防得及时，不然我也得感冒了。(防止 ×)
这种情况谁也预防不了。(防止 √)

---

妨碍 fáng'ài（动 hinder, hamper）
阻碍 zǔ'ài（动 block, impede）；（名 obstruction）

---

【相同】

都可以做动词，都表示使不能顺利通过、不能顺利发展。有时可以互换：

司机最讨厌那些乱穿马路妨碍交通的行人。(阻碍 √)
他把车停在路中间，严重阻碍了交通。(妨碍 √)
恶劣的天气状况阻碍了救援工作的开展。(妨碍 √)

【不同】

1. "妨碍"主要指给人或事情造成一定障碍和影响，语义程度较轻，对象多是日常普通的活动；"阻碍"主要表示阻挡人或事物，不让继续前进或发展，语义程度比"妨碍"重：

请大家在外边等，不要进去<u>妨碍</u>大夫看病。（阻碍 ×）
你老是在旁边吵吵闹闹，会<u>妨碍</u>姐姐学习的。（阻碍 ×）
金融危机严重<u>阻碍</u>了各国经济的发展。（妨碍 ×）
任何人都无法<u>阻碍</u>我们前进的步伐。（妨碍 ×）

2. "阻碍"还有名词的用法，指挡住前进、使不能顺利通过的事物，还可以做定语；"妨碍"一般没有这样的用法：

由于群众不支持，这次活动遇到了很大的<u>阻碍</u>。（妨碍 ×）
在改革的过程中，不管有什么<u>阻碍</u>，我们都要坚持下去。（妨碍 ×）
司机努力避开前面的<u>阻碍</u>物，试图把车开过去。（妨碍 ×）

---

吩咐 fēnfù（动 tell, instruct）；（名 instruction）
嘱咐 zhǔfù（动 exhort, urge）；（名 exhortation）

---

【相同】

都是动词兼名词，都表示把自己的要求告诉别人，让别人照着做。"吩咐"多用于口语，"嘱咐"多用于书面语。有时可以互换：

妈妈在电话里<u>吩咐</u>我明天一定要去买飞机票。（嘱咐 √）
我<u>嘱咐</u>妹妹别忘了每天给王奶奶送报纸。（吩咐 √）
我已经按照他的<u>吩咐</u>去做了，但他还是不满意。（嘱咐 √）

【不同】

1. "A吩咐B"，表示A口头让B做某事；"A嘱咐B"表示让B记住应该做什么，不该做什么，要注意什么：

妈妈<u>吩咐</u>我给客人倒一杯茶。（嘱咐 ×）
经理<u>吩咐</u>过了，我会把这个方案再修改一下。（嘱咐 ×）
老板，如果您没有别的<u>吩咐</u>，我就先出去了。（嘱咐 ×）

妈妈嘱咐我注意身体，注意锻炼。（吩咐 ×）
每当遇到困难时，我就想起老师对我的嘱咐。（吩咐 ×）

2. "吩咐"一般用于上级对下级，长辈对晚辈；"嘱咐"则不一定是上级对下级，长辈对晚辈：

妻子不停地嘱咐丈夫路上一定要小心。（吩咐 ×）
导游嘱咐游客们不要迟到。（吩咐 ×）
出门时，同屋嘱咐我别忘了顺便去取快递。（吩咐 ×）

---

丰富 fēngfù（形 rich, abundant, plentiful）
丰盛 fēngshèng（形 lavish, sumptuous）

---

**【相同】**

都是形容词，都表示多、充足，都可以做定语、谓语。但适用对象不同，除了可以说"物产丰富/丰盛"外，一般不能互换。

**【不同】**

1. "丰富"强调种类多，数量大，可以形容很多东西，包括具体的和抽象的，使用范围广；"丰盛"表示又多又好，多形容食品、饭菜、酒席，也可以形容草木：

资源丰富　商品丰富　矿产丰富　经验丰富　感情丰富（丰盛 ×）
表情丰富　内容丰富　词汇丰富　活动丰富　生活丰富（丰盛 ×）
丰盛的酒菜　丰盛的宴会　饭菜丰盛　午餐丰盛　水草丰盛（丰富 ×）

王老师教了二十多年的书了，教学经验非常丰富。（丰盛 ×）
你的表情这么丰富，可以去当演员了。（丰盛 ×）
食堂的饭菜品种很丰富，可惜味道不怎么样。（丰盛 ×）
今天我家来客人，妈妈做了一桌子丰盛的饭菜。（丰富 ×）
这里森林茂密，水草丰盛。（丰富 ×）

2. "丰富"还有动词的用法,表示"使……变得丰富";"丰盛"没有这样的用法:

我们应该开展各种活动,以丰富留学生的生活。(丰盛 ×)
这篇文章内容太空,需要再丰富。(丰盛 ×)
这些活动丰富了市民的文化生活。(丰盛 ×)

---

腐败 fǔbài(形 corrupt, rotten)
腐朽 fǔxiǔ(形 rotten, decayed)

---

【相同】

都是形容词,都形容东西变坏,也可以形容制度、机构、思想、生活等变坏。有时可以互换:

思想腐败　政治腐败　生活腐败　制度腐败(腐朽 √)
对这种腐朽的思想,我们要进行有力的批判。(腐败 √)
有许多人认为追求吃喝玩乐是腐朽的生活方式。(腐败 √)

【不同】

1. "腐败"常用来形容政治制度、组织机构等混乱黑暗,或人的思想作风、行为品德彻底变坏;"腐朽"形容制度、阶级、思想意识等落后、陈旧。语义明确时不能替换:

这是一种腐败的社会制度。(强调黑暗、混乱、败坏)
这是一种腐朽的社会制度。(强调落后、陈旧)
你这种腐朽的思想,已经跟不上时代发展了。(腐败 ×)
这些官员太腐败了,一定要严厉处罚。(腐朽 ×)
这些政府官员的思想太腐败了,他们的眼里只有金钱。(腐朽 ×)

2. "腐败"可以做主语、宾语;"腐朽"一般不能这样用:

腐败是这家公司倒闭的主要原因。(腐朽 ×)
反腐败是当今世界一个非常重大的政治课题。(腐朽 ×)

政府想了许多办法打击腐败。(腐朽 ×)

3. 用于东西变坏,"腐败"指食物、尸体等变质、腐烂;"腐朽"一般指木头、门窗等由于长期风吹雨淋而烂掉:

千万不要吃腐败的食物,会得病的。(腐朽 ×)

警察在那里挖出一具已经腐败的尸体。(腐朽 ×)

这是个老房子,门窗已经腐朽了。(腐败 ×)

这些木料长期日晒雨淋,已经腐朽了。(腐败 ×)

4. "腐败"可以组成"腐败分子、腐败行为";"腐朽"可以组成"腐朽性":

一定要让这些腐败分子受到应有的惩罚。(腐朽 ×)

人民对官员的腐败行为非常愤怒。(腐朽 ×)

我们要充分认识这种制度的腐朽性。(腐败 ×)

---

负担 fùdān(名 burden);(动 bear)
压力 yālì(名 pressure)

---

【相同】

都可以做名词,指压在人身上的、使人感到沉重的一种力量。有时可以互换:

经济负担 学习负担 工作负担 家庭负担 思想负担 精神负担 心理负担(压力 √)

你不要有什么心理负担。(压力 √)

小林家庭情况好,经济上没有什么压力。(负担 √)

跟老王聊完以后,我感觉精神压力减轻了不少。(负担 √)

【不同】

1. "负担"主要指承担的责任、工作、费用等;"压力"主要是心理、情绪方面的。"负担"一般跟"重"搭配;"压力"一般跟"大"

搭配，此外还可以说"施加压力、面对压力"：

一个人工作，养活全家人，负担很重。（压力 ×）
一个人工作，养活全家人，压力很大。（负担 ×）
总经理的工作负担很重，常常加班。（压力 ×）
现在的中学生学习压力很大。（负担 ×）
他身上的压力已经够大了，你不要再给他施加压力了。（负担 ×）
你是怎么面对这些压力和挑战的？（负担 ×）

2. "压力"经常受"舆论、政治、交通"等的修饰；"负担"经常受与身体有关的词修饰：

舆论压力　政治压力　交通压力　外界压力（负担 ×）
肠胃负担　肾脏负担　消化系统的负担　代谢负担（压力 ×）
她现在要面对的是来自舆论的压力。（负担 ×）
你不用理会外界的压力，自己怎么想的就怎么做吧。（负担 ×）
运动前不宜吃太饱，否则会增加肠胃的负担。（压力 ×）

3. "负担"还可以做动词，指承担责任、工作、费用等；"压力"没有这样的用法：

他一个人工作，负担全家的生活支出。（压力 ×）
四姐妹共同负担这几个孩子的学费。（压力 ×）

4. "压力"还表示垂直作用于物体表面的力；"负担"没有这样的用法：

这台机器能承受五百公斤压力。（负担 ×）
由于受到的压力过大，水泥地面产生了一些裂缝。（负担 ×）

# G

> 改进 gǎijìn（动 improve）
> 改良 gǎiliáng（动 improve, reform）
> 改善 gǎishàn（动 improve）

【相同】

都是动词，都有改变、使变得更好的意思。"改进"有时可以与"改良"或"改善"互换：

这种飞机还需要改进。（改良√　改善×）

这种机床经过改良，操作简单多了。（改进√　改善×）

现在这个方案还有很大的改善空间。（改进√　改良×）

【不同】

1. "改进"强调在学习、工作等方面取得了进步，对象一般是"方法、工作、技术、态度、作风"等，"态度、作风"也可用"改善"，但不如"改进"常用：

我认为你应该改进你的学习方法。（改良×　改善×）

服务态度不改进，顾客就会越来越少。（改良×　改善√）

近年来，政府部门不断改进工作作风，获得了百姓的称赞。（改良×　改善√）

2. "改良"强调种类、性能比原来好了，更符合要求；对象一般是具体的东西，如"工具、机器、品种、土地"等：

这种玉米是经过改良的品种，适合高原种植。（改进×　改善×）

要想提高产量，需要改良土壤。（改进×　改善×）

3. "改善"强调外部环境、条件比原来好了,对象一般是"条件、生活、伙食、环境、待遇、关系、态度"等:

为了改善农民的生活,政府采取了很多措施。(改进 ×  改良 ×)

平时在学校吃得不好,周末回家可得好好改善一下伙食。(改进 ×  改良 ×)

同学们普遍反映,这学期食堂的服务态度有了明显改善。(改进 √  改良 ×)

4. "改进"和"改善"可以做动词"有"的宾语;"改良"没有这样的用法:

银行的服务态度有了改进。(改良 ×  改善 √)

这家餐厅的卫生情况已大有改善。(改进 √  改良 ×)

这几年,我们家的生活有了很大的改善。(改进 √  改良 ×)

---

改正 gǎizhèng(动 correct)
更正 gēngzhèng(动 correct, amend)

---

【相同】

都是动词,都表示把错误的改为正确的,都常做谓语,都可以带宾语、补语。有时可以互换:

第二次印刷时,这本教材把原来的错字都改正了。(更正 √)

这种印刷技术速度快,质量好,发现错误可以随时更正。(改正 √)

【不同】

1. "改正"主要表示改过来使正确,对象多是"缺点、错误、毛病、不良习惯、冤假错案",也可以是谈话、文章中的语句错误,使用范围比"更正"大:

改正缺点  改正不良习惯  改正态度(更正 ×)

努力改正  积极改正  慢慢改正  彻底改正  下决心改正(更正 ×)

你应该好好改正自己的缺点,这样大家还是会喜欢你的。(更正 ×)
我真希望儿子能改正贪玩的毛病。(更正 ×)
希望你能彻底改正自己的错误。(更正 ×)
丁朋有不少坏习惯,但他就是不愿改正。(更正 ×)

2. "更正"主要表示更换成正确的,并公开告诉大家,让听者或读者知道;对象限于已发表的谈话、文章中的错误,包括内容、字句、标点上的错误,使用范围比"改正"小:

张老师说:"上次上课时我有个解释不准确,现在我来更正一下。"(改正 ×)

他们专门登报更正了几个数字。(改正 ×)

这本书有些地方还需要更正。(改正 √)

---

高潮 gāocháo(名 climax)
高峰 gāofēng(名 peak)

---

【相同】

都是名词,都比喻事物发展到最高点,都可以做主语、宾语。但意思和用法都有不同,一般不能互换。

【不同】

1. "高潮"本来指潮水上升的最高位置,常比喻事物高度发展的阶段或小说、戏剧、电影中的情节发展到的最激烈、最精彩的地方,多与"斗争、运动、比赛、情节"等名词及"掀起、达到、形成、出现、进入、迎接"等动词搭配:

反腐败斗争的高潮已经到来。(高峰 ×)
政府决心把经济改革推向高潮。(高峰 ×)
进入4月份,植树造林形成高潮。(高峰 ×)
现在电影进入了高潮,观众都看得入神了。(高峰 ×)

2. "高峰"本指高的山峰，常比喻事物发展的最高点，多用于"科学、创作、运输、人口出生"等；"高潮"没有这样的用法：

同学们要努力学习，立志攀登科学高峰。（高潮 ×）

上下班时间是乘车的高峰，高峰过去，人就少多了。（高潮 ×）

20 世纪 60 年代末，人口的增长率达到了高峰。（高潮 ×）

3. "高峰"常用于"期、时期、季节"等名词前做定语；"高潮"没有这样的用法：

最近 5 年是这位作家的创作高峰期。（高潮 ×）

每年春节前后是交通运输的高峰时期。（高潮 ×）

近期我国南北方均已进入流感流行高峰季节。（高潮 ×）

---

告别 gàobié（动 leave）
告辞 gàocí（动 take leave）

---

【相同】

都是动词，都表示离开前打个招呼，说一声；都可以用在"向……告别/告辞"结构中。有时可以互换：

由于时间紧，他没有向朋友告别就走了。（告辞 √）

后天我就要回国了，今天我要去向张老师告辞。（告别 √）

【不同】

1. "告别"主要表示分别前或远行前与熟人、亲人打个招呼，也可以指离别、分别；"告辞"主要表示客人离开前向主人打个招呼：

王萍把手伸出窗外，跟朋友们告别。（告辞 ×）

吃完饭不久，客人就向主人告辞了。（告别 ×）

王静怕影响张教授休息，谈了一会儿，就告辞了。（告别 ×）

2. "告别"后面可以直接带宾语，宾语可以是具体的人、故乡、祖国、某个地方，还可以是抽象的时间、生活、情绪等；"告辞"后面

不带宾语,告辞的对象只能是人。"告辞"可以当面对别人说;"告别"不能这样用:

　　告别了父母和朋友,大卫来到北京学习汉语。(告辞 ×)
　　张平告别了故乡和亲人,去上海找工作。(告辞 ×)
　　让我们告别昨天,告别过去,告别痛苦,去创造美好的新生活。(告辞 ×)
　　上午九点零五分,老人平静地告别了人间,告别了这个世界。(告辞 ×)
　　哎呀!时间不早了,我该告辞了。(告别 ×)
　　你们慢慢吃,我有事先走一步,告辞了。(告别 ×)

3. "告别"还指跟死者见最后一面,表示哀悼;可以做定语,如"告别宴会、告别仪式"。"告辞"没有这样的用法:

　　老人去世前嘱咐,不要举行遗体告别仪式。(告辞 ×)
　　大家怀着沉痛的心情,向逝者的遗体告别。(告辞 ×)
　　下午六点,我要参加中文系毕业生的告别宴会。(告辞 ×)

---

公平 gōngpíng(形 fair, just, impartial)
公正 gōngzhèng(形 fair, just, impartial)

---

【相同】

　　都是形容词,都表示处理事情合法或合情合理,不偏向任何一方面。在表示依照原则、制度或法规处理事情时,经常可以互换,有时可以连用。"公平"用于口语和书面语;"公正"多用于书面语:

　　我一定会公平地处理这件事情,你放心吧。(公正 √)
　　这个裁判很不公平。(公正 √)
　　王主任处理问题向来很公正。(公平 √)
　　我们要本着公平公正的原则进行谈判。

【不同】

1. "公平"指平等对待，不偏向任何一方，当修饰"买卖、交易"等跟交换有关的行为时，只用"公平"；"公正"指公平正直，多用来形容人，常与"无私"搭配：

这家小店买卖公平，很受顾客依赖。（公正 ×）

做生意讲究公平，即使做不成，大家也还是朋友。（公正 ×）

这合同有很多条款对我们都不公平。（公正 ×）

大家都认为他是一位公正无私的法官。（公平 ×）

做人应该公正无私。（公平 ×）

2. "公平"常形容"世道、社会、命运、生活、竞赛"等词；"公正"常与"历史、法律、评价、评判"等词搭配：

如今的世道真是太不公平了！（公正 ×）

别再埋怨了，命运对你是公平的。（公正 ×）

她是个好人，却遭受了那么多不幸，生活真是太不公平了！（公正 ×）

历史是公正的。（公平 ×）

这本书对作家的一生作出了公正的评价。（公平 ×）

---

攻击 gōngjī（动 attack, assault, offensive）；（名 attack）

进攻 jìngōng（动 offensive, attack）；（名 attack）

---

【相同】

都是动词兼名词，都可以用于军事方面，表示主动接近敌人并跟敌人战斗。经常可以互换：

我方向敌人发起了最后的攻击。（进攻 √）

我军遭到了猛烈攻击。（进攻 √）

敌人进攻了好几次，都失败了。（攻击 √）

**【不同】**

1. "攻击"可以表示对社会、他人或事物进行暴力破坏,或者是言语上的恶意责备;"进攻"没有这样的用法:

纽约的世界贸易中心成了恐怖分子的攻击目标。(进攻 ×)
在这一带,货轮经常遭到海盗的攻击。(进攻 ×)
他说话总喜欢攻击别人。(进攻 ×)
大家都是同事,不要互相攻击。(进攻 ×)

2.体育比赛一般用"进攻",不用"攻击":

中国队下半场不断发起进攻。(攻击 ×)
那个棋手擅长进攻,防守比较弱。(攻击 ×)
进攻组织不起来,这场比赛就很难赢下。(攻击 ×)

3."攻击"可以与"遭到、受到、遭遇"等搭配,也可以用于被动句;"进攻"一般不能这样用:

刚刚我方基地受到敌人大规模的攻击。(进攻 ×)
她一直被网民言语攻击,但她从不回应。(进攻 ×)

---

孤单 gūdān(形 lonely)
孤独 gūdú(形 lonely)

---

**【相同】**

都是形容词,表示单独一个人,与别人没有联系。形容人的感觉时,"孤单"与"孤独"经常可以互换;但意思有一些不同,"孤单"强调一个人生活没有依靠,无人陪伴,感到寂寞;"孤独"强调一个人远离集体,没有人与之相处或不愿与人相处,精神上寂寞无助:

儿女都不在身边,老人一个人孤单地生活。(孤独 √)
她什么都不怕,就怕孤单。(孤独 √)
屋子里再多一个人,我就不会感到孤独了。(孤单 √)

虽然我远离家乡,但我并不孤独,因为在这儿我认识了很多朋友。(孤单√)

【不同】

1. "孤独"可以形容人的性格,还可以组成"孤独感、孤独症";"孤单"没有这样的用法:

张林性格孤独,从不跟人来往。(孤单 ×)
她的孤独性格跟家庭环境有很大关系。(孤单 ×)
每到夜晚,赵红就有一种很强烈的孤独感。(孤单 ×)
一个人在陌生的城市生活,难免会有孤独感。(孤单 ×)
孤独症是一种儿童发育性疾病。(孤单 ×)

2. "孤单"可以重叠为"孤单单、孤孤单单";"孤独"一般不能重叠:

我一点儿也不习惯一个人孤单单地生活。(孤独 ×)
他一个人孤孤单单的,十分可怜。(孤独 ×)
同屋们都回国了,宿舍只剩下我孤孤单单的一个人。(孤独 ×)

古怪 gǔguài(形 eccentric, odd, strange)
奇怪 qíguài(形 unusual, strange)

【相同】

都是形容词,都表示跟平常或一般情况不一样。形容事物的形状、样子或人的神态、想法、语言、动作时,经常可以互换:

桌子上摆着一只形状奇怪的花瓶。(古怪√)
这时,玛丽的脑子里忽然冒出一个奇怪的想法。(古怪√)
她脸上常常出现一种奇怪的神情。(古怪√)
老人古怪的样子把小孩子吓哭了。(奇怪√)
阿里故意咧着嘴,对我们古怪地笑了笑。(奇怪√)

【不同】

1. "古怪"可以形容人的性格、脾气;"奇怪"一般不能这样用:

他这个人性格古怪,我们都不喜欢他。(奇怪 ×)

张明性格古怪,没有人愿意和他打交道。(奇怪 ×)

爷爷的脾气越来越古怪了。(奇怪 ×)

王先生娶了一个脾气古怪的妻子。(奇怪 ×)

2. "奇怪"还有不理解、没有想到的意思;"古怪"没有这个意思:

她这么晚还没有回来,令我感到很奇怪。(古怪 ×)

真奇怪,你怎么会知道我的名字呢?(古怪 ×)

奇怪的是,他怎么也找不到自己的钱包了。(古怪 ×)

---

关心 guānxīn(动 be concerned with, be interested in, care for)

关照 guānzhào(动 look after, keep an eye on)

---

【相同】

都是动词,都表示对人或事物牵挂、重视、爱护。有时可以互换:

同学之间要互相关心,互相帮助。(关照 √)

我弟弟和你在一个学校读书,请你以后多关照他。(关心 √)

在公司里,张大姐一直很关照我。(关心 √)

【不同】

1. "关心"使用范围比"关照"广,不管上级、下级、长辈、晚辈还是平辈,都可以用"关心";"关照"不能用于下级对上级,晚辈对长辈。此外,"关心"还可以用于对自己;"关照"不能这样用:

奶奶年纪大了,我们都很关心她。(关照 ×)

知道李老师生病后,同学们都很关心她。(关照 ×)

你不能只关心丈夫和孩子,也要关心一下自己。(关照 ×)

他只关心自己,从不关心别人。(关照 ×)

2. "关心"的对象还可以是事物;"关照"的对象一般是人:

老校长很<u>关心</u>同学们的学习和生活。(关照 ×)

父母现在最<u>关心</u>的是小明的身体,而不是他的学习。(关照 ×)

工人们都很<u>关心</u>工厂的发展前途。(关照 ×)

3. "关照"还可以用来作为初次见面时说的客套语;"关心"不能这样用:

初次见面,请多多<u>关照</u>。(关心 ×)

我是新来的职员,请大家多多<u>关照</u>。(关心 ×)

---

管理 guǎnlǐ(动 manage, administer)
治理 zhìlǐ(动 administer, govern)

---

【相同】

都是动词,都表示有权力处理某事物并承担责任。有时可以互换:

总统需要各种人才帮助他<u>管理</u>国家。(治理 √)

<u>管理</u>现代企业需要科学的制度和优秀的人才。(治理 √)

一般大公司都有自己的一套<u>治理</u>体系。(管理 √)

【不同】

1. "治理"强调统治管理,使安定有秩序,对象一般是国家、天下、城市、企业等较重大的事物;"管理"强调负责处理某事物,使正常顺利运作,对象可以是这些大的事物,也可以是比较具体的小事物,还可以是"时间":

为了方便<u>管理</u>,老师把全班分成了八个小组。(治理 ×)

他有多年的<u>管理</u>小型工厂的经验。(治理 ×)

虽然商店不大,日常<u>管理</u>却也不轻松。(治理 ×)

她很会<u>管理</u>时间,每天能完成许多工作。(治理 ×)

2. "治理"还可以表示处理、整修不好的事物或现象,使其变好

或变正常;"管理"没有这样的用法:

治理黄河关系到中华民族的经济发展。(管理 ×)

市政府正在努力治理工业污染。(管理 ×)

广大市民强烈要求马上治理中小学乱收费现象。(管理 ×)

3. "管理"有保管的意思,还有照看并约束的意思,对象可以是人或动物;"治理"没有这样的用法:

办公室的资料由王芳负责管理。(治理 ×)

管理罪犯需要一定的心理学知识。(治理 ×)

这位老师管理学生的方法非常特别。(治理 ×)

他的工作是在农场管理牛羊。(治理 ×)

4. "管理"还常用于学科专业的名称,如"管理学、企业管理、行政管理"等;"治理"不能这样用:

她大学时学的是管理学。(治理 ×)

企业管理、行政管理这两个专业都很受考生的欢迎。(治理 ×)

# H

含糊 hánhu(形 ambiguous, vague, careless)
模糊 móhu(形 dim, vague, obscure);(动 blur, obscure, confuse)

【相同】

都可以做形容词,表示不清楚;都可以做谓语、定语、状语,都可以重叠为AABB式:"含含糊糊、模模糊糊"。但意思和用法都有不同,一般不能互换。

【不同】

1. "含糊"主要表示意思不明白、不确定,一般用来形容语言表达或对人、对事的态度:

他说得太含糊了,我不明白他是什么意思。(模糊 ×)

马可的发音含糊不清,听不懂他在说什么。(模糊 ×)

经理含含糊糊地说了几句,大家都不知道该怎么办。(模模糊糊 ×)

我问了几声,她才含糊地说没事。(模糊 ×)

2. "模糊"主要表示不清晰、不分明,多形容具体事物的外形或人的感觉、印象、记忆和思想认识:

字迹模糊　商标模糊　图像模糊　印象模糊　记忆模糊　认识模糊(含糊 ×)

这几天我的眼睛总是模模糊糊的,看不清楚。(含含糊糊 ×)

相机的镜头花了,所以照片照得很模糊。(含糊 ×)

我小时候在那儿生活过,现在还有些模糊的印象。(含糊 ×)

当时,人们已模糊地意识到近亲结婚会给后代带来可怕的后果。(含糊 ×)

3. "含糊"还有其他不同的意思,可以形容"不认真、马虎",还可以形容"犹豫、胆怯",此时多用于否定式:

你放心,小王做事一向不含糊。(模糊 ×)

这事很重要,一点儿也不能含糊。(模糊 ×)

要比就比,我绝不含糊。(模糊 ×)

4. "不含糊"常用作赞美的话,是"有能耐"或"行"的意思:

他那手毛笔字可真不含糊。(模糊 ×)

这活儿做得真不含糊。(模糊 ×)

5. "模糊"还有动词的用法,表示"使……变得不清晰",可以带宾语、补语:

我忍不住掉下了眼泪,泪水模糊了我的双眼。(含糊 ×)

天色越来越暗,眼前的一切都变得模糊起来。(含糊 ×)

含义 hányì（名 meaning, implication）
意义 yìyì（名 meaning, sense, significance）

**【相同】**

都是名词，都指语言文字或其他事物所表示的意思，但很少互换：

我现在特别能理解这两句歌词的<u>含义</u>。（意义 √）

这句话的<u>意义</u>你以后会慢慢明白的。（含义 √）

**【不同】**

1. 当语言文字或其他事物所包含的意思是深层的、未直接表露出来时，多用"含义"：

没有几个人能懂得这段话背后的<u>含义</u>。（意义 ×）

玛丽离开前对我微笑了一下，但我至今也未能猜出那微笑的<u>含义</u>。（意义 ×）

我琢磨了半天也没想明白这个暗号的<u>含义</u>。（意义 ×）

2. "意义"表示语言文字或其他事物所表达的意思，多用在术语中：

词义可分理性<u>意义</u>与附加<u>意义</u>两部分。（含义 ×）

动词重叠具有多种语法<u>意义</u>。（含义 ×）

这本词典通过丰富的例句展现了每一个词的<u>意义</u>和用法。（含义 ×）

3. "意义"还可以指事物的作用或价值，常受"重要、重大、积极、消极、深远、现实、教育、指导、象征、纪念、借鉴"等词语修饰；"含义"没有这样的用法：

重要<u>意义</u>　积极<u>意义</u>　现实<u>意义</u>　教育<u>意义</u>　历史<u>意义</u>（含义 ×）

人生的<u>意义</u>　深远的<u>意义</u>　深刻的<u>意义</u>　重大的<u>意义</u>（含义 ×）

为自己的梦想而努力奋斗，生命才会更有<u>意义</u>。（含义 ×）

我们经常在一起探讨人生的<u>意义</u>。（含义 ×）

这次合作对于两个公司的发展都具有重要意义。(含义 ×)
这是一部很有教育意义的影片。(含义 ×)
文字的出现,对于文明的传承具有深远意义。(含义 ×)

4. "意义"可以构成一些固定结构,如"从某种意义上讲、在一定意义上";"含义"没有这样的用法:

人类发展的历史,从某种意义上讲,也是一部与疾病斗争的历史。(含义 ×)
市场经济在某种意义上可以说是效率经济。(含义 ×)
科学的力量在一定意义上也是思想的力量。(含义 ×)

---

何况 hékuàng(连 much less, let alone)
况且 kuàngqiě(连 moreover, furthermore)

---

【相同】

都是表示递进关系的连词,用在复句的后一分句句首,对前一分句所表达的原因或情况进行补充。经常可以互换:

你去接他一下,这个地方不好找,何况他又是第一次来。(况且 √)

现在找工作本来就难,何况他又没学历又没技术,那就更难了!(况且 √)

这本教材内容陈旧,况且生词也太多,不适合我们。(何况 √)

【不同】

1. "何况"带有反问语气,可以用于反问句;"况且"没有这样的用法:

我跑三千米都很轻松,何况跑五百米呢?(况且 ×)
她连英语四级都考不过,何况六级?(况且 ×)
这本教材中级班学都困难,何况初级班?(况且 ×)

2. "何况"可以用于名词性成分前;"况且"不能这样用:

平时去桂林旅游的人就不少,何况节假日?(况且 ×)

这块石头两个年轻人都搬不动,何况你这个老人!(况且 ×)

这段绕口令中国人说也很难,何况外国人!(况且 ×)

3. "何况"可以受副词"更、又"的修饰,并且常与前一分句中的"尚且、都"等搭配;"况且"没有这样的用法:

学好母语尚且需要努力,更何况是学习另一种语言。(况且 ×)

他连五十斤都背不动,更何况要背一百斤呢!(况且 ×)

咱们好不容易聚在一起,又何况今天是中秋,多喝几杯吧。(况且 ×)

---

缓和 huǎnhé(动 relax, mitigate, ease up);(形 moderate)
缓解 huǎnjiě(动 relieve)

---

【相同】

都可以做动词,表示使严重、紧张的程度得到减轻;都可以带宾语或不带宾语。用于"矛盾、关系、气氛、局势"等时,有时可以互换:

这次会议缓和了双方的矛盾。(缓解 √)

他主动开了个玩笑,想缓解一下紧张的气氛。(缓和 √)

目前,当地紧张的局势已经得到了缓解。(缓和 √)

【不同】

1. "缓和"可以用于"态度、语气、话语"等;"缓解"不能这样用:

听了我的解释,他的态度才缓和了下来。(缓解 ×)

看到小明流下了眼泪,他说话的语气缓和了不少。(缓解 ×)

2. "缓解"可以用于"病痛、症状、压力、现象、灾情"等;"缓和"不能这样用:

这种药是用来缓解疼痛的。(缓和 ×)

经过一天一夜的抢救，老张的病情终于有所缓解了。(缓和 ×)
马路加宽以后，交通堵塞的现象得到了缓解。(缓和 ×)

3. "缓和"可以受"很、比较"等程度副词修饰，后面可以带"下来、一些、一下、多了、不少"等补语；"缓解"不能受程度副词修饰，后面只可以带"一些、一下"：

她说话声音不大，语气也很缓和。(缓解 ×)
最近两国的关系比较缓和。(缓解 ×)
白先生说了这些话以后，气氛缓和了一些。(缓解 ×)
用电紧张的现象缓解了一些。(缓和 ×)
用这种药，可以暂时缓解一下病情。(缓和 ×)

---

慌忙 huāngmáng（形 hurried, in a great rush）
慌张 huāngzhāng（形 flustered, flurried）

---

【相同】

都是形容词，都可以形容人因心里紧张而动作忙乱，都可以做谓语、定语，都可以重叠：

发生什么事了，你怎么这么慌忙？(慌张 √)
你看他慌张的样子，一定是出事了。(慌忙 √)
他慌慌忙忙地收拾东西，不知道要去哪里。(慌慌张张 √)

【不同】

1. "慌张"不仅用来形容人的动作，还形容人的表情、神色或心理感受；"慌忙"主要用来形容人的动作：

这个人慌张的表情，引起了大家的怀疑。(慌忙 ×)
周围那么多人都在看着我，我心里非常慌张。(慌忙 ×)
你神色这么慌张，大家肯定会怀疑你。(慌忙 ×)

2. "慌张"做谓语，常受"不、太、很、非常、更加、这么、那么"

等修饰;"慌忙"较少做谓语,做谓语时一般只受"不、太、这么、那么"等修饰:

虽然情况紧急,但是他一点儿也不<u>慌忙</u>。(慌张 √)
发生什么事了,怎么这么<u>慌忙</u>?(慌张 √)
发现自己被人注意,她更加<u>慌张</u>了。(慌忙 ×)
看到警察来了,小偷很<u>慌张</u>。(慌忙 ×)

3. "慌张"可以重叠为"慌慌张张、慌里慌张";"慌忙"只可以重叠为"慌慌忙忙"。另外,"慌忙"还可以构成"不慌不忙":

看你这<u>慌慌忙忙</u>的样子,到哪里去呀?(慌慌张张 √)
你<u>慌里慌张</u>地干什么?(慌慌忙忙 √)
刘强<u>不慌不忙</u>地站起来回答了老师的提问。

4. "慌忙"做状语修饰动词时,动词前面可以不带"地";"慌张"较少做状语,做状语修饰动词时多带"地",且动词前后一般有其他成分:

他发现钱包丢了,<u>慌忙</u>报警。(慌张 ×)
听见敲门声,她<u>慌张</u>地叫喊起来:"是谁?"(慌忙 ×)
听到有人叫她,白小姐<u>慌张</u>地拿起手机就往外跑。(慌忙 ×)

5. "慌张"常用于祈使句;"慌忙"一般不能这样用:

大家别<u>慌张</u>,一个一个地下车。(慌忙 ×)
不要<u>慌张</u>!有我在呢!(慌忙 ×)

---

回顾 huígù(动 look back, review, retrospect)
回忆 huíyì(动 recall, call to mind);(名 memory)

---

**【相同】**

都可以做动词,表示想以前或过去的事情。用于历史、人生等重大事物时,有时可以互换:

<u>回顾</u>这些往事,总让人觉得很感动。(回忆 √)

回忆自己的一生，她觉得没什么遗憾的。（回顾 √）
回忆这段不寻常的历史，每个人都充满了感慨。（回顾 √）

**【不同】**

1. "回顾"主要表示有目的、有意识地回过头去看并加以总结，主语可以是人，也可以是会议、书、文章等；"回顾"的内容多是国家、社会、理论、学说等的历史，也可以是个人的经历，都是较早以前的事，常用于书面语：

会议全面回顾了改革开放以来的经济发展。（回忆 ×）
这本书回顾了作家二十年来的创作历程。（回忆 ×）
会谈中，双方共同回顾了两国关系的发展情况。（回忆 ×）
会上，大家回顾了这一年所取得的成绩。（回忆 ×）

2. "回忆"没有"回顾"那么正式，书面语和口语都常用；主语只能是人，所想的内容范围较广，可以是很久以前的事，也可以是刚发生不久的事。"回忆"可以重叠；"回顾"不能重叠：

回顾往事，老人激动万分。（回忆 √）
我仔细回忆了一下刚才的事，觉得问题没那么简单。（回顾 ×）
你好好回忆一下，你把书放哪儿了？（回顾 ×）
你再回忆一下，昨天还有谁来过？（回顾 ×）
我们大家一起回忆回忆那天开会的内容。（回顾 ×）
你再回忆回忆，事情到底是怎么发生的。（回顾 ×）

3. "回忆"之后可以加"起（来）"带宾语；"回顾"不能这样用：
他的话让我回忆起那段不平凡的日子来。（回顾 ×）
回忆起昨天的经历，心里还有点儿后怕。（回顾 ×）
我常常回忆起愉快的大学生活。（回顾 ×）

4. "回忆"还是名词，前面可以有定语；"回顾"没有这样的用法：
这是一段美好的回忆。（回顾 ×）
以前的日子给她留下了痛苦的回忆。（回顾 ×）
这条河唤起了爷爷的回忆。（回顾 ×）

# J

机会 jīhuì（名 chance, opportunity）
时机 shíjī（名 opportunity, chance, occasion）

**【相同】**

都是名词，指有利于做某事或正适合做某事的时候。都常和"把握、等待、看准、错过、利用、抓住"等动词或动词词组搭配，有时可互换：

把握机会　等待机会　看准机会　错过机会（时机√）
好时机　大好时机　抓住时机（机会√）
善于把握机会是成功的关键。（时机√）
李先生正在等待机会，重新开始自己的事业。（时机√）
林先生看准了时机投资房地产，所以他成功了。（机会√）
要实现你的理想，就不要错过好时机。（机会√）

**【不同】**

1. "机会"的使用范围比"时机"大，可跟"得到、提供、放弃、找、有、没有"等动词搭配，前面可以有量词"次、个"；"时机"不能这样用：

得到机会　提供机会　放弃机会　有机会　没机会　一次机会（时机×）
学校给张明提供了到美国进修的机会。（时机×）
周云得到了一个到国家机关工作的机会。（时机×）
有机会的话，我请你吃饭。（时机×）

2. "机会"常和"多、偶然、难得"等形容词搭配;"时机"常和"成熟、有利、对"等形容词搭配,还可以说"不失时机":
　　机会难得　偶然的机会　难得的机会　很多机会(时机 ×)
　　时机成熟　有利时机　时机不对(机会 ×)
　　一个偶然的机会,她认识了现在的丈夫。(时机 ×)
　　这样的机会很难得,你一定要珍惜。(时机 ×)
　　时机已经成熟,我们行动吧。(机会 ×)
　　你们一定要充分利用这次有利时机。(机会 ×)
　　目标实现后,他又不失时机地提出了新的计划。(机会 ×)

激烈 jīliè（形 intense, heated, acute）
猛烈 měngliè（形 fierce, vigorous）
强烈 qiángliè（形 strong, intense）

【相同】
　　都是形容词,表示气势、力量或作用很强。都可以受程度副词"很、十分、非常"等修饰,都可以做谓语、定语和状语。有时可以互换:
　　爆炸非常强烈,大家都被惊呆了。(谓语。激烈 ×　猛烈 √)
　　作者在文章中猛烈地抨击了这场战争。(状语。激烈 √　强烈 √)
　　他的做法受到了人们猛烈的批评。(定语。激烈 √　强烈 √)
　　突然,小船强烈地摇晃起来。(状语。激烈 ×　猛烈 √)

【不同】
1. "激烈"主要表示紧张、不温和,常用于"战争、比赛、争论、言辞、竞争、对抗、搏斗"等:
　　刚见面他们就开始激烈地争吵。(猛烈 ×　强烈 ×)
　　比赛争夺得很激烈。(猛烈 ×　强烈 ×)
　　这是一个竞争非常激烈的时代。(猛烈 ×　强烈 ×)

显而易见,不久前这里有过一场激烈的搏斗。(猛烈 ×　强烈 ×)

2. "猛烈"主要表示来势凶猛,力量大,常用于"声音、炮火、暴雨、大风、力量、海水、洪水、大火"等:

深夜,一家人都被猛烈的敲门声惊醒了。(激烈 ×　强烈 ×)
此时,暴风雨更猛烈了。(激烈 ×　强烈 ×)
海水猛烈地冲击着岸边的石头。(激烈 ×　强烈 ×)

3. "强烈"主要表示强而有力,还可以指鲜红的、程度很高的;常用于"光线、色彩、对比、感情、愿望、共鸣、要求、抗议"等:

中午,强烈的阳光照着大地。(激烈 ×　猛烈 ×)
她回家的念头越来越强烈了。(激烈 ×　猛烈 ×)
附近的居民强烈抗议在这里建垃圾处理站。(激烈 ×　猛烈 ×)
想和偶像合影,是粉丝们的强烈愿望。(激烈 ×　猛烈 ×)
这两种颜色形成了强烈的对比。(激烈 ×　猛烈 ×)

---

急切 jíqiè(形 eager)
迫切 pòqiè(形 urgent, pressing)

---

【相同】

都是形容词,形容要求或希望十分强烈,不能等待。都可以受程度副词"很、非常"等修饰,都可以做谓语、定语、状语。有时可以互换:

很急切　最急切　十分急切　非常急切　多么急切(迫切 √)
同学们希望参加比赛的心情十分急切。(谓语。迫切 √)
希望你们能理解他急切的心情,不要责怪他。(定语。迫切 √)
市民们迫切地要求解决环境污染问题。(状语。急切 √)

【不同】

1. "急切"强调人的主观心情很着急,这种心情常通过神情、言语、行为等表现出来;一般多用于个人的希望、需要、要求,或者询问、请求、等待、寻找等行为：

他急切地抓住医生的手问："手术怎么样？"（迫切 ×）

"你喜欢它吗？"我急切地问。（迫切 ×）

话筒里刘霞的声音很急切，"快来我家！"（迫切 ×）

他的话被王明急切的话语打断了："快走！"（迫切 ×）

人们正在急切地寻找张家丢失的孩子。（迫切 ×）

2. "迫切"可以表示客观情况非常紧急，不能再等待，也可以表示主观要求到了难以等待的程度；除了可以用于个人的心情、愿望、要求、需要外，还常用于机构、社会、国家、形势的要求、需要、愿望、任务、问题等：

他的要求十分迫切。（急切 √）

老人们迫切地要求解决养老的问题。（急切 √）

你认为我国当前最迫切需要解决的问题是什么？（急切 ×）

当前的形势迫切要求我们立即采取果断措施。（急切 ×）

经济发展迫切要求加强法制建设。（急切 ×）

3. "迫切"可以构成"迫切性"；"急切"没有这样的用法：

他简单说明了解决这个问题的重要性和迫切性。（急切 ×）

我们对法制建设的艰巨性、迫切性，要有一个清醒的认识。（急切 ×）

---

记录 jìlù（动 record）；（名 notes）

记载 jìzǎi（动 put down in writing）；（名 record）

---

【相同】

都是动词，表示把发生的事情记下来；也都是名词，指记下来的文字材料。有时可以互换：

那本书记录了诗人伟大的一生。（记载 √）

他们详细记载了这一成就。(记录 √)
关于这段历史，史书的记录并不多。(记载 √)
这些文字记载非常宝贵，应该好好保存。(记录 √)

**【不同】**

1. 做动词时，"记录"的是当时说的话或现场发生的事；"记载"的不一定是当时说的话或现场发生的事，多是曾经发生的历史事实。如果是历史文献，用"记载"最合适：

做记录　正在记录　记录得快　记录得很慢　记录得很好（记载 ×）
今天下午的会议，由小王做记录。(记载 ×)
我说的每一句话，你都要记录下来。(记载 ×)
我记录得比较慢，还是让小王来记录吧。(记载 ×)
《三国志》是现存记载三国历史最早的史学著作。(记录 √)
古代不少诗文都记载了这种热烈的场面。(记录 √)

2. "记录"可以是用文字记，也可以是用录音、摄影等方式记；"记载"的方式只能是用文字：

他用录像机把整个婚礼的过程都记录下来了。(记载 ×)
这盘50分钟的录像带，从头到尾记录了比赛的场面。(记载 ×)
这些照片记录了女儿成长的过程。(记载 ×)

3. 做名词时，"记录"是当场记下来的材料，如"电话记录、采访记录、录音记录、犯罪记录、谈话记录"；"记载"是历史文献资料中记下来的文字材料。二者一般不互换。另外，"(根)据……记载"是固定格式：

你要认真做好每一个电话记录。(记载 ×)
你的采访记录整理好没有？(记载 ×)
中国和印度的古代文学作品中都有关于珍珠的记载。(记录 ×)
据史料记载，最早修筑长城的是楚国。(记录 ×)

4. "记录"还指在一定时期、一定范围内记载下来的最好成绩，多用于体育比赛，也作"纪录"；"记载"没有这样的用法：

他连续三次打破了学校男子一百米短跑记录。（记载 ×）
男子跳高的世界记录是多少？（记载 ×）
他创造了新的吉尼斯世界记录。（记载 ×）

> 技能 jìnéng（名 technical ability, skill）
> 技巧 jìqiǎo（名 technique, craftsmanship, skill）
> 技术 jìshù（名 skill, technology）

【相同】

都是名词，指某种专门的本领。有时可以互换，但意思稍有差别。"技术"强调知识和方法，"技能"指技术和能力，"技巧"指巧妙的技术、方法：

绘画技术　拍摄技术　雕刻技术　制作技术　烹饪技术（技能√ 技巧√）

他在学习一种新的绘画技术。（绘画的知识和方法）

这几年，他的绘画技能有了很大的提高。（绘画的能力）

老师今天教给我们一种新的绘画技巧。（绘画的好方法）

做这个工作需要有熟练的技术。（技能√ 技巧√）

小刘还没有掌握这方面的技能。（技巧√ 技术√）

掌握了一定的技巧，才能提高工作效率。（技能√ 技术√）

【不同】

1. "技术"指经过一定时间积累的系统的知识、方法和经验，常用于生产、科学、军事等方面；常跟"先进、落后"等形容词搭配，跟"开发、推广、发展"等动词搭配：

科学技术　工业技术　农业技术　信息技术　通信技术　医疗技术　航天技术　电子技术（技能× 技巧×）

开发芯片技术　推广先进技术　发展航天技术（技能× 技巧×）

先进技术　落后的技术　技术很先进　技术很落后（技能×　技巧×）

很多国家都想发展航天技术。（技能×　技巧×）

随着科学技术的发展，人们的生活也发生了很大的变化。（技能×　技巧×）

我们应该学习各国的先进技术。（技能×　技巧×）

公司加大了对技术开发的投资。（技能×　技巧×）

2. "技能"指掌握和运用专门技术的基本能力，多用于生产劳动和学习生活等方面：

基本技能　生活技能　工作技能　语言技能　劳动技能（技巧×　技术×）

这些中学生缺乏独立生活的基本技能。（技巧×　技术×）

在那里，他可以学习简单的工作技能。（技巧×　技术×）

我们不仅要学习知识，还要学习生活技能。（技巧×　技术×）

3. "技巧"主要指熟练、巧妙的技能，多用于文学、艺术、表达、体育、工艺等方面：

面试技巧　描写技巧　叙述技巧　沟通技巧　表达技巧（技能×　技术×）

批评人要有技巧，否则不会收到好的效果。（技能×　技术×）

你应该在人物的描写技巧方面多下些功夫。（技能×　技术×）

那位话剧演员的表演技巧得到观众们的一致好评。（技能×　技术×）

4. "技能"和"技术"有时可以互换，但意思有差别；"技能"和"技巧"有时可以互换，但意思有差别：

阅读技能　写作技能　口语技能　听力技能　教学技能（技巧√　技术×）

专业技能　职业技能（技巧×　技术√）

阅读技能是听、说、读、写四项语言技能之一。（指阅读的能力）

猜词是一种很有用的阅读技巧。（指阅读方面的好方法）

职业学校很重视培养学生的职业技术。(指系统的知识、方法)
职业学校很重视培养学生的职业技能。(指运用技术的能力)

5. "技术"常做定语,不带"的";"技能"和"技巧"不能这样用:

技术水平 技术力量 技术工人 技术问题 技术部门(技能 × 技巧 ×)

那个工厂的技术力量很强。(技能 × 技巧 ×)

我们工厂需要一批技术工人。(技能 × 技巧 ×)

这个技术问题很难解决。(技能 × 技巧 ×)

---

坚定 jiāndìng(形 firm, steadfast);(动 strengthen)
坚决 jiānjué(形 resolute, firm)

---

**【相同】**

都是形容词,形容做事有主意,不动摇,都可受"不、很、非常"等的修饰。在形容人做事或说话的态度时常可互换,但意思有点儿差别:"坚定"主要表示拿定了主意不动摇、不改变,"坚决"主要表示认准目标、下定决心、不犹豫:

他的态度很坚定。(不动摇、不改变)

他的态度很坚决。(不犹豫)

小王非常坚定地说:"不行!"(不动摇、不改变)

小王非常坚决地说:"不行!"(不犹豫)

**【不同】**

1. "坚定"常用来形容"立场、信念、决心、意志、目光"等;"坚决"常用来形容具体行为:

坚定的意志 坚定的信心 坚定的决心 坚定的立场 坚定的步伐 坚定的目光 坚定的目标(坚决 ×)

意志坚定　立场坚定　步伐坚定　目光坚定　目标坚定（坚决 ×）
坚决斗争　坚决反对　坚决拒绝　坚决打击　坚决拥护（坚定 ×）
我从他那坚定的目光中，看到了他坚持到底的决心。（坚决 ×）
胜利永远属于意志坚定的人。（坚决 ×）
大家应该跟坏人坏事作坚决的斗争。（坚定 ×）
对于这个方案，所有人都表示坚决的反对。（坚定 ×）

2.做状语时，"坚定"后面要带"地"；"坚决"修饰单音节动词时要带"地"，修饰双音或多音动词时，可带"地"，也可不带"地"：

坚决反对　坚决拥护　坚决打击　坚决斗争　坚决要求　坚决拒绝（坚定 ×）
他坚定地说："我一个人能做好。"（坚决 √）
他表示一定要坚定地干下去。（坚决 √）
作为军人，必须坚决执行命令。（坚定 ×）
作为军人，必须坚决地执行命令。（坚定 √）

3."坚定"还有动词的用法，带宾语，表示"使……坚定"；"坚决"没有这样的用法：

坚定信心　坚定信念　坚定意志　坚定立场　坚守决心（使……坚定。坚决 ×）
你要坚定自己的立场，不要动摇。（坚决 ×）
这件事更坚定了我当医生的决心。（坚决 ×）

---

坚固 jiāngù（形 solid, sturdy）
牢固 láogù（形 firm, secure）
稳固 wěngù（形 firm）；（动 steady, stabilize）

---

【相同】

1.都是形容词，形容事物不容易破坏、损坏，都可以受"很、比较、十分、非常"等程度副词修饰,都可以做谓语和定语。"牢固"有时可以和"坚固"或"稳固"互换,"坚固"不能和"稳固"互换。

"牢固"和"坚固"都可用于具体事物,表示事物结实,不容易损坏,如"桌、椅、门、窗、建筑、房屋、桥梁、堤坝"等,此时可互换:

这种木椅既牢固耐用,又美观大方。(坚固√ 稳固×)

为了防治水灾,他们在江边修了一道牢固的大坝。(坚固√ 稳固×)

这房子已经有上百年历史,现在还十分坚固。(牢固√ 稳固×)

2. "牢固"和"稳固"都可用于抽象事物,如"地位、政权、统治、基础"等,表示不容易动摇,稳定而巩固,不容易破坏,此时可以互换:

这些都为今后的合作打下了牢固的基础。(坚固× 稳固√)

通过这些措施,清朝的统治地位变得更加牢固。(坚固× 稳固√)

为了使自己的政权更加稳固,历代皇帝都牢牢地掌握着军队。(坚固× 牢固√)

【不同】

1. "牢固"还可以形容帐篷、提包等不容易破,形容钉子、绳子、铁链、梯子等固定得好,不容易断或脱落;"坚固、稳固"不能这样用:

这种帐篷是特殊的布料做的,很牢固。(坚固× 稳固×)

钉子要钉牢固,才能挂东西。(坚固× 稳固×)

山两旁有两根牢固的铁链,用手抓住往上爬。(坚固× 稳固×)

这种布料做的旅行包很牢固,不容易破。(坚固× 稳固×)

2. "牢固"还可以形容"友谊、关系、知识"等抽象事物;"坚固、稳固"不能这样用:

两国人民相互支持,结下了牢固的友谊。(坚固× 稳固×)

小李的专业知识掌握得很牢固。(坚固× 稳固×)

3. "牢固"和"稳固"还可以做状语："牢固"多修饰"掌握、控制、粘贴"等,表示控制、掌握得很好,不易丢失;"稳固"多修饰"发展、进行、开展"等,表示稳定而牢固,不易变化。"坚固"不能做状语:

牢固地掌握　牢固地控制　牢固地粘贴（坚固 ×　稳固 ×）
稳固发展　稳固进行　稳固开展（坚固 ×　牢固 ×）
我们要牢固地掌握知识。（坚固 ×　稳固 ×）
政府军仍然牢固地控制着局势。（坚固 ×　稳固 ×）
该地区一直都在稳固地发展旅游业。（坚固 ×　牢固 ×）
希望今后两国之间的合作能更加稳固地向前发展。（坚固 ×　牢固 ×）

4. "稳固"有动词用法,后面带宾语,表示"使……稳固";"坚固"和"牢固"没有这样的用法:

这场比赛他发挥得非常好,稳固了自己的主力地位。（坚固 ×　牢固 ×）
经过一系列的改革,统治者进一步稳固了政权。（坚固 ×　牢固 ×）

---

坚强 jiānqiáng（形 strong）
顽强 wánqiáng（形 indomitable）

---

**【相同】**

都是形容词,表示强而有力。可以受"不、很、非常"等词语修饰,可以形容精神、性格、意志、集体等。虽然有时可以互换,但意思不同。"坚强"强调能承受压力和痛苦,不被打垮、不屈服;"顽强"强调不怕挫折和失败,能坚持下去,不放弃:

很坚强　十分坚强　非常坚强　特别坚强　更加坚强（顽强 √）
她表现得很坚强。（能承受压力痛苦,不屈服）

她表现得很顽强。(不怕挫折,不放弃)

你一定要坚强地活下去。(顽强 √)

要战胜困难,就要有顽强的意志。(坚强 √)

【不同】

1.强调能承受压力和痛苦时,用"坚强":

告诉你一个不幸的消息,希望你坚强一些。(顽强 ×)

妈妈很坚强,我从来没见她流过眼泪。(顽强 ×)

她是个坚强的人,再大的压力也能够承受。(顽强 ×)

2.强调不怕失败、不放弃,不屈服于任何外力,坚持下去时,用"顽强":

顽强拼搏  顽强抵抗  顽强进攻  顽强的斗争  顽强的生命力(坚强 ×)

这棵小草的生命力非常顽强。(坚强 ×)

女排姑娘们顽强地拼搏,终于获得了冠军。(坚强 ×)

北京队尽管比分一直落后,仍打得很顽强。(坚强 ×)

3."顽强"是中性词,可用来形容坏人;"坚强"是褒义词,不能用于形容坏人。但"坚强"还可以形容组织、堡垒、保障、力量等;"顽强"不能这样用:

许多顽强的恶势力,都被警方一一打掉。(坚强 ×)

一小部分敌人还在顽强抵抗。(坚强 ×)

家庭永远是我最坚强的后盾。(顽强 ×)

4."坚强"还可以做"学会、变得、假装、需要"等的宾语;"顽强"一般不能这样用:

生活的不幸让他学会了坚强。(顽强 ×)

他一直在我们面前假装坚强。(顽强 ×)

简单 jiǎndān（形 simple, uncomplicated）
简陋 jiǎnlòu（形 simple and crude）

**【相同】**

都是形容词，形容设备、工具不完备、不复杂。都可以做谓语、定语，有时可以互换：

这个设备看起来很简单，但是非常有用。（谓语。简陋√）

他用几件简陋的工具修好了机器。（定语。简单√）

古代人民用简陋的工具创造出了伟大的文明。（简单√）

**【不同】**

1. "简单"主要表示事物结构单纯，内容少，容易理解或使用，跟"复杂、详细"相对，适用范围大：

这个问题很简单，你怎么还不明白？（简陋×）

老林的生活很简单，除了上班就是下棋。（简陋×）

早餐很简单，一杯牛奶一个面包。（简陋×）

我再说一个简单的句子，你仔细听。（简陋×）

2. "简陋"主要表示简单粗糙、不完备，适用范围小，只用来形容设备、工具、生活条件、房屋、住处等；"简单"不形容生活条件、房屋、住处：

这儿的生活条件比较简陋，请你原谅。（简单×）

他刚到广州时，住房很简陋。（简单×）

他们刚办的加工厂，厂房和设备都非常简陋。（简单×）

3. "简单"还指人的思想天真、单纯，或做事马虎、不细致；"简陋"没有这样的用法：

你的头脑也太简单了，找工作哪会那么容易？（简陋×）

他是个头脑简单的人。（简陋×）

处理问题不能那么简单，那是不能解决问题的。（简陋×）

4. "简单"可以做状语,可以重叠为"简简单单";"简陋"不能这样用:

　　小王,你把昨天的事简单说一下。(简陋 ×)
　　我把房间简单地收拾了一下。(简陋 ×)
　　他们一起简简单单地吃了个饭,就算是庆祝生日了。(简陋 ×)

---

简单化 jiǎndānhuà(动 simplify)
简化 jiǎnhuà(动 simplify)

---

【相同】

　　都是动词,表示使事物变得简单。都可以做谓语、定语、主语、宾语。用于手续、规则、技术、设计等方面时可以互换,但意思有一些不同。"简单化"主要表示使事物变得容易、不难;"简化"主要表示使事物变得不复杂、不烦琐:

　　生产工艺的简单化,使生产效率有了很大的提高。(主语。简化√)
　　这种电脑采用了更加简单化的设计。(定语。简化√)
　　新的方案使汉字的输入更加简单了。(谓语。简化√)
　　他们想方设法,力求分析方法的简化。(宾语。简单化√)

【不同】

　　1. 都可以做谓语。"简化"可以带宾语;"简单化"不能带宾语:

　　我觉得还应当进一步简化计算过程。(简单化 ×)
　　政府在逐步简化各种证件的申办手续。(简单化 ×)
　　新的软件简化了操作步骤,用起来更方便了。(简单化 ×)
　　他简化了这道菜的做法,现在很容易做了。(简单化 ×)

　　2. "简单化"有时带贬义,"简化"是褒义的。在说不好的、不合适的行为时,只能用"简单化":

　　你这样处理问题过于简单化了,会造成不良影响的。(简化 ×)

对古代作品采取全盘否定的态度，是简单化、极端化的做法。（简化 ×）

研究问题要从事实出发，不能简单化。（简化 ×）

3. "简化"可以用于汉字、太极拳等，还可以用在一些固定格式中；"简单化"没有这样的用法：

简化汉字　简化太极拳　简化为　简化成　由……简化而来（简单化 ×）

汉字简化给书写带来很大的方便。（简单化 ×）

我打了一套简化太极拳。（简单化 ×）

一些新词是由词组简化而来的。（简单化 ×）

这五个分析步骤可以简化为三个。（简单化 ×）

---

建议 jiànyì（动 propose, suggest, recommend）；（名 proposal, suggestion）

提议 tíyì（动 propose）；（名 proposal, motion）

---

【相同】

都是动词，表示提出意见、主张；也都是名词，指提出的主张或意见。有时可以互换：

我建议我们再尝试一次，看能否成功。（提议 √）

班长建议由丽莎和罗西来主持晚会。（提议 √）

我完全同意大卫的提议。（建议 √）

在会上，老王提议暑假带学生去农村参观。（建议 √）

【不同】

1. "提议"表示向众人或组织正式地提出自己的意见，供大家讨论、采纳。领导人、负责人或代表在正式场合就某一重要问题提出的意见，用"提议"最恰当。但是在会议上正式通过的只能是

"提议":

总统提议,由杰克担任国防部长。(建议 √)
市长提议召开紧急会议,商量决定有关人员的任免。(建议 √)
代表们的提议都很好,市政府一定会认真研究。(建议 √)
根据他的提议,将这颗星星命名为"海王星"。(建议 √)
今天的会议上,这几项提议全部通过。(建议 ×)
他的那项提议在会上没有通过。(建议 ×)

2."建议"表示向个人、众人或组织提出自己的意见,供对方参考;使用范围比"提议"广。常说"提建议、提出建议、合理化建议":

医生建议他半年后再来复查。(提议 ×)
我建议他最近休个假,放松一下。(提议 ×)
他提出的建议受到了领导的重视。(提议 ×)
这的确是个合理化建议。(提议 ×)
老师让我们谈谈对教学的建议和要求。(提议 ×)

3."提议"还可以提出一个事情或行为,让大家(包括自己在内)一起来做;"建议"没有这样的用法:

我提议,大家举杯,为我们的合作干杯!(建议 ×)
今天天气不错,我提议,一起去郊外走走。(建议 ×)

焦急 jiāojí(形 anxious, worried)
着急 zháojí(形 anxious);(动 worry)

【相同】

都是形容词,形容人的心情急躁不安。"焦急"的程度比"着急"高,也更书面化一些。常做谓语、状语,还可做定语,修饰"样子、神情、心情"等;"焦急"都可以换成"着急",但"着急"不一定能换成"焦急":

很着急　十分着急　非常着急　特别着急（焦急√）
听到这个消息，大家都很焦急。（谓语。着急√）
看到小王焦急的神情，老张关心地上前询问。（定语。着急√）
安娜一见到我，就着急地问："见到玛丽了吗？"（状语。焦急√）
周平着急地告诉我，李芳病了。（焦急√）

【不同】

1. "着急"可以形容事情；"焦急"只能形容人：
他看起来好像有什么着急的事。（焦急 ×）
这事不着急，你慢慢考虑吧。（焦急 ×）
我休息一会儿，没什么着急的事，别叫我。（焦急 ×）

2. "着急"有时可以带宾语；"焦急"不能这样用：
着急人　着急什么　着急你的事　着急他怎么还不来（焦急 ×）
火车快开了，他还没来，真着急人。（焦急 ×）
父母都很着急他的婚事。（焦急 ×）
妈妈正着急妹妹的事呢，你有什么好办法？（焦急 ×）

3. "着急"可以组成"着急得很、着急得不得了"等，"焦急"较少这样用；"着急"可以组成"着急死了、着急哭了、爱着急、容易着急"等，"焦急"一般不能这样用：
着急得不得了　着急得很　着急起来　着急得坐立不安　着急得吃不下饭（焦急√）
着急死了　着急坏了　爱着急　容易着急（焦急 ×）
李老师为这事着急得不得了。（焦急√）
阿里着急得什么似的，你快去劝劝他吧。（焦急√）
他怎么还不来，我都着急死了！（焦急 ×）
玛丽就是爱着急，一点儿小事就着急。（焦急 ×）

4. "着急"前面可以有否定词，中间还可以插入一些词语；"焦急"一般不能这样用：
不着急　别着急　没着急　不要着急　不太着急（焦急 ×）

着什么急　着啥急　着了半天急（焦急 ×）
我不着急，他才着急呢。（焦急 ×）
马老师并没有着急，还是很耐心地解释。（焦急 ×）
你着什么急呀？我马上就来。（焦急 ×）
你怎么才来，妈妈都着了半天急了。（焦急 ×）

> 紧急 jǐnjí（形 urgent, critical, emergent）
> 紧迫 jǐnpò（形 pressing, urgent）

【相同】

都是形容词，表示紧张、很急、必须立即行动。都可以做谓语、定语，与"情况、形势、时间、任务、工作"等词搭配时，常可互换：
形势非常紧急，我们必须立即行动。（谓语。紧迫 √）
这是一个紧急的任务，十天之内一定要完成。（定语。紧迫 √）
时间紧迫，我们立刻出发。（紧急 √）
在那样紧迫的时刻，杰克一点儿也不慌乱。（紧急 √）

【不同】

1. "紧迫"使用范围较小，一般只与"形势、时间、任务、战事"等词搭配；"紧急"使用范围较广，主要表示事物来得迅猛，不能拖延，还可以用于"行动、动员、命令、措施、呼救、病情、集合、电话、通知、信件、会议"等：
病人情况很紧急，必须立刻做手术！（紧迫 ×）
这次行动很紧急，大家来不及收拾东西就出发了。（紧迫 ×）
刚接到紧急命令，让我们迅速赶到一号地区。（紧迫 ×）
马上召开紧急会议！（紧迫 ×）

2. "紧迫"一般不做状语，做定语时一般要带"的"；"紧急"常做定语和状语，而且一般不需要加"的"和"地"：

紧迫的感觉　紧迫的任务　紧迫的形势　紧迫的情况（定语。紧急√）

有了这种紧迫的感觉也是一件好事。（紧急√）

在那种紧迫的形势下，只能那么做。（紧急√）

紧急任务　紧急会议　紧急关头　紧急命令　紧急时刻（定语。紧迫×）

紧急刹车　紧急降落　紧急出发　紧急停车　紧急求救（状语。紧迫×）

这是一项紧急任务。（紧迫×）

赵先生在紧急关头救了那小孩的命。（紧迫×）

看见前面有人，我只好紧急刹车。（紧迫×）

他们早已经发出了紧急呼救，但救援一直没有来。（紧迫×）

3. "紧迫"可构成"紧迫感、紧迫性"；"紧急"没有这样的用法：

要学会区别紧迫性和重要性。（紧急×）

考试时间越来越近，紧迫感也越来越强。（紧急×）

---

紧密 jǐnmì（形 inseparable, rapid and intense）
密切 mìqiè（形 intimate）；（动 close）

---

【相同】

都是形容词，表示人或事物之间联系紧，关系近，不可分。都可以跟"关系、联系、合作、配合、相关"等词语搭配，有时可互换：

关系密切　联系密切　配合密切（谓语。紧密√）

密切联系　密切合作　密切配合　密切相关（状语。紧密√）

密切的联系　密切的关系　密切的配合　密切的合作（定语。紧密√）

我们应当成为紧密合作的朋友。（密切√）

这一段当兵的生活跟我以后的写作有密切的关系。(紧密 √)
个人的收入与个人对企业的贡献是紧密联系在一起的。(密切 √)
他一定和这件事有紧密的关系。(密切 √)

【不同】

1."紧密"主要用于事物,表示事物之间联系紧,不能分开,跟"松散"相对;"密切"主要用于人,表示人的关系近、感情好、来往多,跟"疏远"相对:

连接紧密　衔接紧密　结构紧密　安排得很紧密(密切 ×)
来往密切　交往密切(紧密 ×)
文章段与段之间的衔接要紧密,不能太松散。(密切 ×)
这几块骨头连接得很紧密,不能活动。(密切 ×)
猎豹的体型细长,它的腰椎连接得不是很紧密。(密切 ×)
最近他们的交往越来越密切。(紧密 ×)
阿梅和阿英是老同学,她们一直来往密切。(紧密 ×)

2.做状语时,"密切"可以修饰"注视、注意、关注"等词语;"紧密"可以修饰"团结、连接、结合"等,不能互换:

密切注意　密切关注　密切注视　密切接触(紧密 ×)
紧密团结　紧密相连　紧密衔接　紧密结合(密切 ×)
他们的一举一动都引起了警察的密切注意。(紧密 ×)
她好像想自杀,你要密切关注她的行动。(紧密 ×)
你跟他没有密切接触,应该不会受到感染。(紧密 ×)
只要我们紧密团结在一起,就一定能战胜困难。(密切 ×)

3."密切"还有动词的用法,表示"使……密切",多用于"关系、合作、往来"等;"紧密"没有这样的用法:

这次合作进一步密切了两家公司的关系。(紧密 ×)
两国领导人的互访密切了两国的关系。(紧密 ×)
这项计划的实行,进一步密切了两国之间的商业往来。(紧密 ×)

谨慎 jǐnshèn（形 cautious）
慎重 shènzhòng（形 cautious, careful）

**【相同】**

都是形容词，表示非常小心、避免出错或发生不利的情况。都可以做谓语、定语、状语，有时可以互换：

他处事一向很慎重，你可以放心。（谓语。谨慎 √）
这个问题你一定要谨慎地对待。（状语。慎重 √）
她对股票投资一直保持慎重的态度。（定语。谨慎 √）
你对新单位的情况不了解，说话要谨慎，不要乱说。（慎重 √）

**【不同】**

1. "谨慎"表示对外界事物或自己的言行密切注意，非常小心，以免发生不利或不幸的事情，与"粗心、大意"相对，主要形容人的行为；"慎重"表示严肃认真，不随便行动或表明态度，与"轻率"相对，主要形容人的态度：

他谨慎地向四周看了看，才把钱从包里拿出来。（慎重 ×）
你怎么这么不谨慎？这么重要的文件竟然弄丢了。（慎重 ×）
现在治安不好，你晚上一个人出去一定要谨慎。（慎重 ×）
部长表示会慎重处理这次事件。（谨慎 ×）
你慎重考虑一下，三天后我听你的意见。（谨慎 ×）
这个决定关系到你的前途，你一定要慎重。（谨慎 ×）

2. "谨慎"可以用于形容人的性格、品质，常与"小心、谦虚"连用；"慎重"一般没有这样的用法：

诸葛亮为人十分谨慎。（慎重 ×）
他是个小心谨慎的人。（慎重 ×）
他谦虚谨慎，做事老老实实，公司老板对他很信任。（慎重 ×）

> 经常 jīngcháng（形 frequently, constantly, regularly）
> 时常 shícháng（副 often, frequently）

【相同】

都做状语修饰动词，表示动作行为发生次数多。经常可以互换，但意思有一些不同，"经常"修饰的行为动作发生的次数比"时常"多，而且时间间隔短；"时常"多用于书面语，"经常"用于书面语、口语：

我经常在健身房碰见玛丽。（时常 √）

我时常去图书馆看书。（经常 √）

经常看报纸杂志，有助于提高阅读能力。（时常 √）

阿里和麦克时常在一起讨论问题。（经常 √）

我时常怀念在昆明度过的美好时光。（经常 √）

【不同】

1. "经常"前面可以有否定词"不"；"时常"不能这样用：

奶奶身体不太好，不经常出门。（时常 ×）

最近忙，不经常看电视。（时常 ×）

坚持打太极拳以后，我不经常感冒了。（时常 ×）

这学期丽丽不经常去图书馆。（时常 ×）

2. "经常"有时修饰某些单个的单音节动词；"时常"很少这样用：

这种事在这里经常有。（时常 ×）

这种菜我们经常吃。（时常 ×）

学习语言一定要经常说，经常练。（时常 ×）

邓丽君的歌我经常听。（时常 ×）

3. "经常"是形容词，可以做定语，可以放在"是……的"结构中做谓语，可以说"经常不经常"；"时常"是副词，没有这样的用法：

挨批评对他来说是经常的事。（时常 ×）

她是总经理秘书,写总结是她经常的工作。(时常 ×)
这一段时间,公司里加班是经常的。(时常 ×)
他经常去跳舞,你经常不经常去?(时常 ×)

# K

开展 kāizhǎn(动 launch, carry out, unfold)
展开 zhǎnkāi(动 open up, unfold, launch, develop)

【相同】

都是动词,做谓语,表示某种活动开始进行并逐步发展。对象都可以是"活动、运动、竞赛、工作、调查、研究、交流、批评、斗争、讨论"等,有时可以互换:

他们已经全面开展工作。(展开 √)
大家先提出问题,然后针对问题开展讨论。(展开 √)
我们在这个地区展开了大规模的宣传活动。(开展 √)
两国将在阿尔茨海默病治疗方面展开交流。(开展 √)
企业的各项改革已全面展开。(开展 √)

【不同】

1. "展开"表示事情以较大规模进行,对象还可以是"进攻、搏斗、交锋、较量、谈判、角逐、交涉、竞争、论述、叙述、描写、想象"等;"开展"不能这样用:

展开进攻 展开搏斗 展开交锋 展开较量 展开谈判 展开角逐 展开竞争 展开论述 展开描写 展开想象 展开联想 展开交涉(开展 ×)

我军准备傍晚时向敌人展开进攻。（开展 ×）
两家公司为了争夺市场，展开了激烈的竞争。（开展 ×）
文章针对这个观点展开论述。（开展 ×）

2. "展开了"可以用在句末；"开展了"不能用在句末：
一场激烈的竞争展开了。（开展 ×）
又一轮谈判展开了。（开展 ×）
为期一周的宣传活动已经展开了。（开展 ×）

3. "开展"可以带补语；"展开"不能带补语：
开展得很好　开展起来　开展下去　开展了一个月（展开 ×）
全民健身活动迅速在全国开展起来了。（展开 ×）
学习竞赛已经开展起来了，还将进一步开展下去。（展开 ×）
这项研究已经开展了一个多月。（展开 ×）

4. "展开"还有张开、铺开的意思；"开展"没有这样的用法：
展开报纸　展开图纸　展开地图　展开床单　展开降落伞（开展 ×）
展开双臂　展开双手　展开翅膀　展开眉头　展开笑容（开展 ×）
小鸟展开翅膀在蓝天中飞翔。（开展 ×）
老师展开地图，继续给我们讲解。（开展 ×）

---

考虑 kǎolǜ（动 consider, think over）
着想 zhuóxiǎng（动 think about）

---

【相同】

都是动词，做谓语，表示为某人或某事的利益而打算。"着想"都可以用"考虑"替换，但"考虑"不一定可以用"着想"替换。都可以用在"为……考虑/着想"的句式中：
为刘丽的身体考虑，公司没有安排她值夜班。（着想 √）
爸爸这样做也是为你的前途考虑，你要理解他的苦心！（着想 √）

作为父母,要为孩子的健康成长着想。(考虑√)
人不能只为自己考虑,不为别人着想。(考虑√)

**【不同】**

1. "考虑"可以重叠,前面可以有"不、没、别、要"等词,后面可以带"到、好、一下"等;"着想"没有这样的用法:

不考虑　没考虑　别考虑　要考虑(着想×)
考虑到　考虑好　考虑一下　考虑考虑(着想×)
你做事怎么不考虑后果呢?(着想×)
教材的内容要考虑到学习者的需求和兴趣。(着想×)
你总应该为父母考虑考虑吧!(着想×)
你好好为自己考虑一下吧,不要错过了机会。(着想×)

2. "着想"不能带宾语,前面必须有介词短语"为/替……";"考虑"可以带宾语,前面可以没有介词短语"为/替……":

你不能不为自己的前途着想吧?(考虑√)
你不能光顾自己,也应该替父母着想!(考虑√)
你应该考虑自己的前途。(着想×)
我们不仅要考虑自己的利益,也要考虑公司的利益。(着想×)
你不能只考虑你自己,还要考虑别人的感受。(着想×)

3. "考虑"还可以表示思考问题,作出决定,可以受"认真、慎重、充分"等形容词修饰;"着想"只表示为某人或某事的利益打算,一般不加"认真、慎重、充分"等形容词修饰:

认真考虑　慎重考虑　充分考虑　重点考虑　加以考虑(着想×)
建筑的设计要充分考虑当地的具体情况。(着想×)
这个问题你要认真考虑,再作决定。(着想×)
这个方案你可以重点考虑。(着想×)

> 宽 kuān（形 wide, broad）；（名 width, breadth）
> 宽敞 kuānchang（形 spacious, roomy, commodious）

**【相同】**

都是形容词，形容面积大、空间范围大。都可以形容道路、街道、房间、院子等，做谓语时常可互换：

这条街道比以前宽多了。（宽敞 √）

公路很宽，也很平坦。（宽敞 √）

这个阳台挺宽敞的，可以坐在这里喝茶聊天。（宽 √）

他家的院子比我家的院子宽敞多了。（宽 √）

**【不同】**

1. "宽"指一个平面横向的距离大，跟"窄、长"相对，还可以做名词，表示"宽度"；"宽敞"没有这样的用法：

我家阳台不太长，但比较宽。（宽敞 ×）

这段路不宽，只能过一辆车。（宽敞 ×）

这条马路有20米宽。（宽敞 ×）

这个长方形长20厘米，宽10厘米。（宽敞 ×）

这道题要求计算出长方形的宽。（宽敞 ×）

2. "宽敞"指房屋或场地宽大开阔，没有遮拦，与"狭小、狭窄"相对；可以组成"宽敞的"做定语修饰双音节或多音节名词。"宽"没有这样的用法：

宽敞的客厅　宽敞的教室　宽敞的房间　宽敞的住宅　宽敞的院子　宽敞的街道　宽敞的阳台　宽敞的会议室　宽敞的会客厅（宽 ×）

一楼有个宽敞的会客厅。（宽 ×）

门前有一条宽敞的路。（宽 ×）

宽敞的院子里种着几株桃花。（宽 ×）

此时我正坐在宽敞而明亮的教室里上课。（宽 ×）

3. "宽"还表示范围广,涉及面大,常说"知识面宽、管得宽";"宽敞"没有这样的用法:

李承志的知识面很宽,知道的东西很多。(宽敞 ×)
你这个人管得也太宽了,什么都要管!(宽敞 ×)

4. "宽"可以形容肩膀、脊背、额头、脑门,也可以形容人的心情舒缓、放松,还可以形容人生的道路开阔;"宽敞"没有这样的用法:

宽肩膀　宽脑门　心宽　心宽体胖　放宽心(宽敞 ×)
马丁高个子,宽肩膀,像个运动员。(宽敞 ×)
李明的额头宽宽的,眼睛大大的。(宽敞 ×)
杰西的脊背挺宽的,看起来很壮。(宽敞 ×)
听说孩子已经脱险,她的心也宽了一半。(宽敞 ×)
人生的道路宽得很,你要充满信心。(宽敞 ×)

# L

理解 lǐjiě(动 understand, comprehend)
领会 lǐnghuì(动 understand)

【相同】

都是动词,做谓语,指了解、懂得事物的含义。都可以与"意思、意图、用意、道理、精神、实质"等抽象词语搭配:

不能理解　无法理解　没有理解　深刻理解　充分理解(领会 √)
他讲了半天,我们还是没有理解他的意思。(领会 √)
他现在还无法充分理解这首诗的含义。(领会 √)

作为秘书,要能很快领会领导的意图。(理解 √)

你们要好好学习总理的政府工作报告,领会报告的精神。(理解 √)

【不同】

1. 当主语是句子、章节、文章、诗歌、小说、内容时,要用"理解";这时不用"领会":

这本书的最后一章很难理解。(领会 ×)

这篇文章比较通俗,容易理解。(领会 ×)

文章第一段的内容好理解,下一段就有点儿难理解了。(领会 ×)

2. "理解"还可以表示懂得、明白他人为什么做某事或有某种想法、做法、心情等,后面的宾语可以是人,也可以是人的感情、心情、想法、苦衷、行为等;"领会"不能这样用:

我理解他,他这么做肯定是有道理的。(领会 ×)

你应当理解父母对你的感情。(领会 ×)

你的苦衷我理解。(领会 ×)

我理解你为什么这么做。(领会 ×)

3. "理解"前面可以受"不、很、非常、十分、互相"等副词修饰;"领会"不能这样用。"理解"后面可以跟"正确、准确、错误、对、错"等词;"领会"后面只跟"错、到":

不理解　好理解　可以理解　不可理解　互相理解(领会 ×)

很理解　非常理解　十分理解　特别理解(领会 ×)

我不理解你的意思,请你说明白一点儿。(领会 ×)

你的心情,我十分理解。(领会 ×)

夫妻之间最重要的是互相理解。(领会 ×)

你的理解可能不太准确。(领会 ×)

我觉得你完全理解错他的用意了。(领会 ×)

他为什么放弃读书的机会?简直不可理解。(领会 ×)

> 谅解 liàngjiě（动 understand, make allowance for）
> 原谅 yuánliàng（动 excuse, forgive, pardon）

【相同】

都是动词，表示不计较别人的过失、错误等。可以做谓语、宾语，有时可以互换：

你俩都有错，互相谅解吧。（谓语。原谅 √）

我希望得到你的原谅。（宾语。谅解 √）

我这段时间很忙，没时间陪你，请你谅解。（原谅 √）

他终于得到了母亲的原谅。（谅解 √）

【不同】

1. "原谅"强调对别人的错误、毛病等不计较、不责备。多用于口语，语气比较严肃：

没原谅　原谅了一次（谅解 ×）

这次原谅你，下次可不行了。（谅解 ×）

他不是故意伤害我，我原谅了他。（谅解 ×）

我再也不会迟到了，请原谅我这一次吧。（谅解 ×）

2. "谅解"比"原谅"的意思更深入一些，强调从对方的角度去考虑问题，不但原谅对方，而且理解对方的难处和苦衷。多用于书面语，语气比较缓和：

达成谅解　得到谅解　促进谅解　政治谅解　谅解备忘录（原谅 ×）

朋友之间应该互相谅解。（原谅 ×）

双方协商以后达成了谅解。（原谅 ×）

3. "原谅"的可以是别人，也可以是自己；"谅解"的只能是别人。"原谅"的还可以是事情；"谅解"的只能是人：

造成这样的后果，我自己都不能原谅自己。（谅解 ×）

你能原谅你自己吗？（谅解 ×）

请你原谅她的年幼无知。（谅解 ×）
我不能原谅这样的错误。（谅解 ×）

---

履行 lǚxíng（动 perform, fulfill）
实行 shíxíng（动 put into practice, carry out）
执行 zhíxíng（动 carry out, execute）

---

【相同】
都是动词，做谓语，指把计划、命令、制度、诺言等变成现实，常带宾语。当对象是计划、制度、规定时，"实行"和"执行"有时可以替换：
由于情况发生了变化，这个计划还没开始实行。（履行 × 执行 √）
你打算什么时候开始实行这个计划？（履行 × 执行 √）
公司决定从今年开始执行新的管理制度。（履行 × 实行 √）

【不同】
1. "履行"指认真做自己答应或应该做的事，用于"义务、职责、诺言、合同、协议"等：
履行义务 履行职责 履行诺言 履行承诺 履行合同 履行协议（实行 × 执行 ×）
他用行动履行了自己的诺言。（实行 × 执行 ×）
你既然签了合同，就必须履行合同。（实行 × 执行 ×）
子女应该履行赡养父母的义务。（实行 × 执行 ×）
我这样做是在履行自己的职责。（实行 × 执行 ×）

2. "实行"指用实际行动来实现"计划、制度、政策、管理、规定"等：
这家超市现已全面实行会员制。（履行 × 执行 ×）
中国目前实行的是九年制义务教育。（履行 × 执行 ×）

高等院校已经开始实行教师聘任制。(履行 ×　执行 ×)

3."执行"指严格按有关方针、政策、制度、法律、命令、计划、判决、规定去做,带有强制性:

执行命令　执行方针　执行法律　执行任务　执行公务(履行 ×　实行 ×)

你是一个军人,应该执行上级的命令。(履行 ×　实行 ×)

法院的判决要坚决执行。(履行 ×　实行 ×)

他是一名警察,正在执行任务。(履行 ×　实行 ×)

# M

蔑视 mièshì(动 contempt)
歧视 qíshì(动 discriminate)
轻视 qīngshì(动 despise, look down upon)

【相同】

都是动词,都有看不起的意思。当对象是人的时候,有时可以互换,但三者程度上有区别,"轻视""蔑视""歧视"的程度依次加深:

轻视劳动人民是错误的。(蔑视 √　歧视 √)

遇到犯错的人,我们不要放弃他、蔑视他,应该帮助他。(歧视 √　轻视 √)

歧视他人不是一个道德高尚的人应有的行为。(蔑视 √　轻视 √)

【不同】

1."轻视"表示对人或事物不重视、不认真对待;"蔑视"表示对人或事物看不起,不放在眼里;"歧视"侧重不平等地对待人或事物:

我们不能轻视对孩子的道德教育。(蔑视 × 歧视 ×)

你不要轻视对手,这两年对手的实力增强了不少。(蔑视 × 歧视 ×)

我非常蔑视这种不道德的行为。(歧视 × 轻视 ×)

执法人员知法犯法,这是蔑视法律的表现。(歧视 × 轻视 ×)

我们不应该歧视身体有缺陷的人。(蔑视 × 轻视 ×)

2. "轻视"的对象可以是具体的事物;"蔑视"和"歧视"则不能这样用:

这本复习资料很重要,你千万不能轻视它。(蔑视 × 歧视 ×)

你别轻视这个小小的部件,没有它这台机器就运行不了。(蔑视 × 歧视 ×)

3. "轻视"和"歧视"是错误的行为;"蔑视"不一定是错误的行为,"蔑视"的对象可能是不好的人或事物:

我十分蔑视这种自私自利的人。(歧视 × 轻视 ×)

有的商人为了赚钱故意欺骗顾客,我们都很蔑视这种行为。(歧视 × 轻视 ×)

我们都很蔑视那些在背后说别人坏话的人。(歧视 × 轻视 ×)

4. "歧视"和"轻视"前面都可以加"受、受到";"蔑视"没有这样的用法:

文人在那个时代是受轻视的。(蔑视 × 歧视 √)

在中国古代,妇女经常受歧视。(蔑视 × 轻视 ×)

每个民族、每个国家的人都应该受到平等的对待,不应该受歧视。(蔑视 × 轻视 ×)

明显 míngxiǎn（形 clear, evident）
显著 xiǎnzhù（形 notable）

**【相同】**

都是形容词，表示容易让人看出或感觉到，可以做谓语、定语、状语。常可互换，但"显著"比"明显"程度高，多用于书面语：

最近山田的进步十分明显。（谓语。显著√）
广州菜最明显的特点是清淡。（定语。显著√）
现在，不愿生孩子的人显著增多。（状语。明显√）
在篮球比赛中，高个子具有显著的优势。（明显√）

**【不同】**

1. "明显"主要指显露得十分清楚明白。使用范围比"显著"广，可用于具体事物，也可用于抽象事物，可用于好的事物，也可用于不好的事物：

漏洞明显  缺点明显  错误明显  感觉明显  意图明显  失误明显  反应明显  对比明显  缺陷明显  伤疤明显（显著×）
明显的错误  明显的不足  明显的缺陷  明显的感觉  明显的对比  明显的痕迹  明显的例子  明显的反应  明显的分歧  明显的界限（显著×）

你这么做太明显了，别人会有意见的。（显著×）
我的额头上至今还留有明显的伤疤。（显著×）
他俩一个又高又胖，一个又矮又瘦，对比十分明显。（显著×）

2. "显著"是褒义词，用于抽象事物、好的事物；常与"地位、位置、差别、差异、成绩、成就、效果、变化"等搭配：

上海一家报纸在显著位置刊登了这条消息。（明显√）
近年来，我们在科学领域取得了显著的成就。（明显×）
这种药治疗心脏病有显著的效果。（明显√）

这几年，家乡的变化很<u>显著</u>。（明显 √）

统计检验结果表明，实验组和对照组之间的成绩差异达到<u>显著</u>水平。（明显 ×）

3. 都可以做状语，"显著"多修饰"增加、提高、上升"等双音节动词；"明显"则不受这样的限制：

<u>显著</u>增加　<u>显著</u>提高　<u>显著</u>减少　<u>显著</u>上升　<u>显著</u>下降（明显 √）

<u>明显</u>在撒谎　<u>明显</u>暴露　<u>明显</u>觉得　<u>明显</u>感到　<u>明显</u>生气了（显著 ×）

<u>明显</u>变了　<u>明显</u>长高了　<u>明显</u>胖了　<u>明显</u>比他高（显著 ×）

这学期阿里的口语能力<u>显著</u>提高。（明显 √）

最近他经常旷课，学习成绩<u>显著</u>下降。（明显 √）

我<u>明显</u>地感到自己已经落后了。（显著 ×）

你还没看出来，他<u>明显</u>生气了。（显著 ×）

红队的技术<u>明显</u>比蓝队好。（显著 ×）

4. "明显"还可以构成"很明显、十分明显"放在句首；"显著"没有这样的用法：

很<u>明显</u>，这件事是你不对。（显著 ×）

十分<u>明显</u>，他没有来过这里。（显著 ×）

> 命令 mìnglìng（动 command, give order）；（名 order）
> 指示 zhǐshì（动 point out, indicate, instruct）；（名 instruction, directive）

【相同】

都是动词兼名词，指上级对下级提出要求。都可用于上级对下级，但"命令"带有强制性，语气更重：

告诉你，这是军长的<u>命令</u>。（指示 √）

团长<u>命令</u>我们继续前进。（指示 √）

我们要坚决执行上级的指示。（命令 √）

领导指示我们一定要按时完成任务。（命令 √）

【不同】

1. "命令"主要表示让某人一定做某事，带有强迫性，不限于上下级关系，还可以用于对敌人或者对自己，可以面对面提出；"指示"只用于上级对下级，主要是说明处理某个问题的原则和方法：

老师命令他向同学道歉。（指示 ×）

爸爸命令她写完作业再出去玩。（指示 ×）

"你一定要坚持住！"他自己命令自己。（指示 ×）

我命令你赶快离开这里！（指示 ×）

团长命令你立刻出发。（指示 ×）

2. 发出"命令"的还可以是紧急的事件、情况或计算机；"指示"都是由人发出的：

在火灾中火光就是命令，消防队员立刻冲了上去。（指示 ×）

铃声就是命令，听到铃声，就要立即停止答题。（指示 ×）

请稍等，系统正在执行命令。（指示 ×）

3. "命令"和"指示"有各自的固定搭配，一般不能互换：

重要指示　明确指示　几点指示　作指示　请指示（命令 ×）

发布命令　服从命令　违反命令 （指示 ×）

命令的语气　命令的口气（指示 ×）

根据上级的指示，他们对这次事件进行了深入的调查。（命令 ×）

总理对预防流感作了三点指示。（命令 ×）

上级明确指示我们，迅速查清此事。（命令 ×）

他因违反命令而受到了严厉的批评。（指示 ×）

4. "指示"还表示"指出来给别人看"或者"对别人的提示、指点"，能构成"指示牌、指示灯、指示器"；"命令"不能这样用：

根据他指示的方向，我顺利找到了邮局。（命令 ×）

他做了一个手势，指示我可以往右转。（命令 ×）

机器上的指示灯亮着。(命令 ×)
医院门诊部的门口挂着一个指示牌。(命令 ×)

目光 mùguāng（名 sight, vision, view）
眼光 yǎnguāng（名 eye, look, sight, foresight, insight）

【相同】

1.都是名词，指人的视线，还可以指人眼睛中显示的神情和光彩。都可以跟"感激、鼓励、敬佩、欣赏、赞赏、羡慕、惊奇、信任、怀疑、询问、失望、痛苦、喜悦、兴奋"等词语共现：

大家的目光都集中在他身上。(眼光 √)
他看着我，目光中充满了感激。(眼光 √)
他的眼光中流露出失望和痛苦。(目光 √)
老师用询问的眼光看着我。(目光 √)

2.都可以指考虑问题的范围，可以用"短浅、长远、敏锐"来形容：

他目光短浅，只看到眼前的利益。(眼光 √)
你们要把目光放长远些。(眼光 √)
要用长远的眼光看问题。(目光 √)
林志的眼光很敏锐，一下子就发现问题了。(目光 √)

【不同】

1."眼光"可以指看问题的角度、标准和观点，可以用"老、新、旧、开阔、独特、科学、艺术、发展、现代"等词语来形容；"目光"没有这样的用法：

老眼光  新眼光  旧眼光  眼光独特  眼光开阔（目光 ×）
科学眼光  发展眼光  历史眼光  政治眼光  艺术眼光  现代眼光  独特眼光  开阔的眼光（目光 ×）

不能用老眼光看待新问题。（目光 ×）
要想发展，一定要眼光开阔。（目光 ×）
我们不能用现代的眼光来分析历史事件。（目光 ×）

2. "眼光"还指观察、欣赏、鉴别事物的能力；"目光"没有这样的用法：

有眼光　没眼光　眼光高　眼光低 （目光 ×）
董先生是一个很有眼光的投资者。（目光 ×）
他的眼光不怎么样，买的东西我都看不上。（目光 ×）
你真没眼光，质量这么差的东西你还觉得它很好。（目光 ×）
她的眼光很高，一般的人看不上。（目光 ×）

3. "目光"常受"两道、炯炯、闪闪发亮"等词语修饰；"眼光"不能这样用：

看到警察两道敏锐的目光，小偷害怕了。（眼光 ×）
他的目光闪闪发亮，十分有神。（眼光 ×）
他浓眉大眼，目光炯炯，非常精神。（眼光 ×）

# P

培养 péiyǎng（动 foster, train, educate）
培育 péiyù（动 cultivate）

【相同】

都是动词，指关心、教育人，使人成长。做谓语、宾语，常可互换：

师范大学是培养教师的地方。（谓语。培育 √）

没有您对我的培养，就没有我的今天。(宾语。培育 √)

在老师的辛勤培育下，我们才取得了今天的成绩。(培养 √)

学校要把学生培育成社会需要的人才。(培养 √)

【不同】

1."培育"还指照顾动植物，使生长发育；"培养"一般不用于动植物，但可用于细菌、细胞、微生物等：

这是果树研究所培育的新品种苹果，又脆又甜。(培养 ×)

畜牧研究所的专家们培育出了一种瘦肉猪。(培养 ×)

几十年来，他一直致力于农作物优良品种的培育。(培养 ×)

他用小麦和燕麦杂交，培育出新的农作物品种。(培养 ×)

"姚黄"是古代一个姓黄的花农培育的牡丹花优质品种。(培养 ×)

下一步需要将细菌在37℃中培养24小时。(培育 ×)

真菌的培养分为固体培养和液体培养两种。(培育 ×)

2."培养"的使用范围比"培育"广，还指按照一定的目的，长期训练或树立人的一些精神、品德、能力、兴趣、习惯等；"培育"没有这样的用法：

教师要重视培养学生良好的品格。(培育 ×)

父母要注意培养孩子独立生活的能力和独立精神。(培育 ×)

培养阅读兴趣是提高写作水平的一个好办法。(培育 ×)

一定要培养学生文明礼貌的好习惯。(培育 ×)

3."培养"的对象可以是不好的；"培育"的对象一般都是好的：

千万不要培养孩子的坏习惯。(培育 ×)

你这种方法恐怕只能培养出什么都不愿意做的懒人。(培育 ×)

疲惫 píbèi（形 exhausted）
疲倦 píjuàn（形 tired then to sleep）
疲劳 píláo（形 tired）

【相同】

都是形容词，都可以用来形容人的精力或体力消耗过度。都可以受程度副词修饰，可以形容样子、精神、身心等，也可以加补语。但"疲惫"和"疲劳"侧重形容因体力或脑力消耗过度而感到很累，需要休息，且"疲惫"的语义程度比"疲劳"高。"疲倦"侧重形容因为劳累过度而没有精神，想睡觉：

上了一天班，她回到家后感觉十分疲惫。（疲倦 √　疲劳 √）

他在工地里干了一天的活，身体非常疲惫。（疲倦 √　疲劳 √）

看到妈妈疲惫的样子，我十分心疼。（疲倦 √　疲劳 √）

每天照顾三个孩子，弄得她身心疲惫。（疲倦 √　疲劳 √）

忙了一天，她觉得疲惫得很，一句话都不想说。（疲倦 √　疲劳 √）

【不同】

1. "疲劳"还能指肌肉、器官、感觉或某些物质的工作时间过长，反应能力减弱；"疲惫"和"疲倦"没有这样的用法：

坐在教室里太久，会引起腰部的肌肉疲劳。（疲惫 ×　疲倦 ×）

再好看的风景看多了也会引起视觉疲劳和审美疲劳。（疲惫 ×　疲倦 ×）

使用这种机器时间过长，会引起机器本身的疲劳和磨损。（疲惫 ×　疲倦 ×）

飞机外壳的裂缝究竟是不是因为金属疲劳引起的还不清楚。（疲惫 ×　疲倦 ×）

2. "疲惫"和"疲倦"还可以形容"神情、神色"等，"疲劳"还可以构成"疲劳战、疲劳战术、过度疲劳、消除疲劳"等短语：

疲惫 疲倦 疲劳；骗 欺骗 诈骗

你看他神情疲倦、脸色苍白，一定是一夜没睡。(疲惫 √　疲劳 ×)
小李瘫坐在沙发上，神色疲惫。(疲倦 √　疲劳 ×)
你不能这样天天熬夜复习打疲劳战，身体会吃不消的。(疲惫 ×　疲倦 ×)

骗 piàn（动 deceive, cheat, swindle）
欺骗 qīpiàn（动 deceive, cheat, dupe）
诈骗 zhàpiàn（动 defraud, cheat, swindle）

【相同】

都是动词，都有骗人的意思。都表示用虚假的言语或行为使人上当受骗。"骗"和"欺骗"有时可以互换，"骗"和"诈骗"有时可以互换，但"欺骗"和"诈骗"一般不能替换：

你别再骗我了，你根本没爱过我。(欺骗 √　诈骗 ×)
做生意要讲信用，不能欺骗顾客。(骗 √　诈骗 ×)
你在用谎话欺骗我！(骗 √　诈骗 ×)
这两天她被诈骗了100多万元。(骗 √　欺骗 ×)

【不同】

1. "骗"的语义范围最广，而"诈骗"主要强调用违法的手段来骗取公私财物，其目的主要是为了占有财物；"欺骗"则侧重强调用虚假的信息、行为使人上当，其目的是为了不让别人知道事实真相而非占有财物：

他用宗教的名义诈骗了许多钱财。(骗 √　欺骗 ×)
你有什么事情直接告诉我，不要欺骗我。(骗 √　诈骗 ×)
你们是朋友，怎么能欺骗对方呢。(骗 √　诈骗 ×)

2. "骗"和"欺骗"的对象可以是别人，也可以是自己；"诈骗"的对象只能是别人：

你不要再欺骗自己了。(骗√ 诈骗×)

你这样做只是在欺骗自己而已。(骗√ 诈骗×)

3."骗"和"欺骗"不一定总是恶意的;"诈骗"一定是恶意的:

她的丈夫不是故意欺骗她的,只是怕她知道后不高兴。(骗√ 诈骗×)

他之所以欺骗你,是因为不想让你难过。(骗√ 诈骗×)

4.在主动句中做谓语时,"欺骗"和"诈骗"都可以不带宾语,也可以带宾语,但"诈骗"的宾语不能是人称代词或表示具体某个人的名词,"骗"一般要带宾语;"骗"后面可以带补语"到、走"等,"欺骗"和"诈骗"不能带"到、走"等:

这个公司使用假合同进行诈骗。(骗× 欺骗×)

人与人应该友好相处,不要互相欺骗。(骗× 诈骗×)

他骗了我们。(欺骗√ 诈骗×)

他用花言巧语骗到了大家的信任。(欺骗× 诈骗×)

5."欺骗"和"诈骗"还可以做主语、宾语、定语;"骗"一般不能单独做主语、宾语,可以做定语,但只能跟单音节词组合:

欺骗只是暂时的,不会长久。(骗× 诈骗×)

诈骗是一种违法犯罪行为。(骗× 欺骗×)

我们反对暴力、威胁和欺骗。(骗× 诈骗√)

她不知不觉养成了欺骗的习惯。(骗× 诈骗×)

他因诈骗罪而进了监狱。(骗× 欺骗×)

诈骗分子一晚就发送了上万条诈骗短信。(骗× 欺骗×)

这是一个骗局,你还没看出来吗?(欺骗× 诈骗×)

现在犯罪分子的骗术越来越高明,让人防不胜防。(欺骗× 诈骗√)

> 破坏 pòhuài（动 destroy, damage）
> 损坏 sǔnhuài（动 damage, injure）

**【相同】**

都是动词，做谓语，指弄坏、使事物不再完整或失去原有的作用，"破坏"的程度比"损坏"高。当对象为建筑物、道路、文物等具体事物时，可以互换：

铁路受到了严重破坏，已经不能通车了。（损坏√）
在这次战争中，许多珍贵的文物都遭到了破坏。（损坏√）
这次地震中，很多建筑物被损坏。（破坏√）

**【不同】**

1. "破坏"主要指使事物不能正常存在或发展，多是有意识的主动行为；除了用于具体事物外，还可用于"环境、大自然、家庭、活动、组织、感情、心情、气氛、关系、团结、风格、形象、名誉"等抽象事物；还可表示不遵守、违反，用于"规则、法律、制度、秩序、风俗习惯"等：

破坏环境　破坏家庭　破坏风格　破坏感情　破坏气氛　破坏关系　破坏团结　破坏味道　破坏营养　破坏形象　破坏名誉（损坏×）
破坏规则　破坏法律　破坏制度　破坏秩序　破坏风俗　破坏习惯（损坏×）

你不应该破坏别人的家庭。（损坏×）
这件事破坏了他俩的感情，他们不再像从前那样亲密了。（损坏×）
在公共场合不能破坏公共秩序。（损坏×）
游客要时刻提醒自己，不要破坏了当地的风俗习惯。（损坏×）

2. "损坏"主要表示一定程度上受损，失去了原来的作用，多是无意识的被动行为；多用于"物品、房屋、身体器官"等具体事物：

损坏货物　损坏物品　损坏行李　损坏树木　损坏房屋（破坏×）

损坏牙齿　损坏大脑　损坏细胞　损坏声带（破坏 ×）
马先生的车在事故中完全损坏了。（破坏 ×）
你的车只是损坏了一个车灯，别的都没损坏。（破坏 ×）
机器被损坏了，需要修理。（破坏 ×）
糖吃多了，容易损坏牙齿。（破坏 ×）
小孩子电视看得太多，会损坏视力。（破坏 ×）

3. "破坏"可以构成"搞破坏、破坏性、破坏力"等固定结构，可以放在一些名词前做定语；"损坏"不能这样用：
搞破坏　进行破坏　破坏性　破坏力（损坏 ×）
破坏活动　破坏分子　破坏作用　破坏方式（损坏 ×）
你不要在这里搞破坏。（损坏 ×）
经过调查，这几起破坏活动都是他干的。（损坏 ×）
你真是个破坏分子，只要你在，我们什么事都干不成。（损坏 ×）
这样做不但不能起促进作用，反而会起破坏作用。（损坏 ×）

# Q

恰当 qiàdàng（形 proper, appropriate）
适合 shìhé（动 fit）

## 【相同】

都表示符合某种实际情况或客观要求，都可以受"不、很、非常、最"等副词修饰，都可以做谓语、定语，有时可互换：
这个理论用来解释这种现象并不适合。（谓语。恰当 √）
我认为他是厂长职位最适合的人选。（定语。恰当 √）

现在我们还没有找到一个恰当的方式解决这个问题。（适合 √）
请把词语填入句子中恰当的位置。（适合 √）

【不同】

1. "适合"是动词，做谓语时后面一般要带名词性或动词性宾语；"恰当"是形容词，不能带宾语：

我觉得这份工作并不适合你。（恰当 ×）
荔枝、龙眼等水果不适合在北方生长。（恰当 ×）
她身材很好，适合穿连衣裙。（恰当 ×）
这本教材太难，不太适合初级班的学生。（恰当 ×）

2. "恰当"还可做状语、补语，做状语时，与中心语之间一般要用"地"；"适合"一般不能这样用：

恰当地安排好自己的时间很重要。（适合 ×）
会讲中文以后，我能恰当地表达自己的意思。（适合 ×）
这些词语用得都很恰当。（适合 ×）

---

恰当 qiàdàng（形 proper, appropriate）
妥当 tuǒdàng（形 appropriate, proper）

---

【相同】

都是形容词，表示合适、正好。都可以做谓语、定语、状语、补语，都可以形容人员的选用、字词的运用、事情的安排和处理等。形容语言文字时，多用"恰当"；形容人或事情时，多用"妥当"。"恰当"强调"合适"，"妥当"强调"稳妥可靠"，有时可以互换：

不恰当　很恰当　比较恰当　十分恰当　非常恰当（妥当 √）
恰当的措施　恰当的方法　恰当的方式　恰当的例子　恰当的比喻　恰当的手段　恰当的策略　恰当的行为　恰当的做法（妥当 √）
这个比喻用在这里不太恰当。（谓语。妥当 √）

这个职位一直没有恰当的人选。(定语。妥当 √)
那件事我们处理得不够妥当。(补语。恰当 √)
教师应该根据学生的情况恰当地安排教学内容。(状语。妥当 √)

【不同】

1. "恰当"主要表示恰到好处，符合实际情况或要求。常修饰"时间、时机、表达、评价、标准"等：

恰当的时间　恰当的时机　恰当的评价　恰当的调整　恰当的条件　恰当的场合　恰当的比例　恰当的说法　恰当的角度　恰当的途径（妥当 ×）

恰当地评价　恰当地表达　恰当地解释　恰当地描写　恰当地调整　恰当地运用　恰当地表现　恰当地控制　恰当地选择　恰当地概括（妥当 ×）

我觉得你有必要找个恰当的时机跟她解释清楚。(妥当 ×)
我一直找不到恰当的时间跟他说这件事情。(妥当 ×)
这几句话非常恰当地表达了大家对刘老师的感情。(妥当 ×)
这么短的时间内，我很难做出一个恰当的选择。(妥当 ×)

2. "妥当"主要指事情做得好，稳当可靠，令人满意，常与"安排、处理、解决、计划、办事"等词搭配：

欠妥当　妥当的计划　妥当解决　办事很妥当（恰当 ×）
我认为这种说法欠妥当。(恰当 ×)
一定要把这些问题妥当处理好。(恰当 ×)
我们在会前一定要做好妥当的计划。(恰当 ×)
我相信他一定会妥当地解决这些问题。(恰当 ×)

3. "妥当"可以放在"安排、安置、准备、处理、收拾、商量"等动词之后做补语，前面没有"得"；还可以重叠为"妥妥当当"做补语：

安排妥当　准备妥当　安置妥当　收拾妥当（恰当 ×）
安排得妥妥当当　准备得妥妥当当　安置得妥妥当当　收拾得妥妥当当　处理得妥妥当当（恰当 ×）

一切都已处理妥当,你放心吧。(恰当 ×)
我们已经准备妥当了,出发吧。(恰当 ×)
他把一切都安排得妥妥当当了,你就放心去吧。(恰当 ×)

---

前景 qiánjǐng(名 prospect, future)
前途 qiántú(名 future, prospect)

---

【相同】

都是名词,做宾语、主语,指前面将要出现的情况或景象。都可以用于"国家、地区、企业、公司、事业"等,都可以用"美好、灿烂、光明、广阔、渺茫"等词语来形容:

光明(的)前景 灿烂(的)前景 美好(的)前景 广阔(的)前景 渺茫(的)前景 发展(的)前景(前途√)

前景辉煌 前景渺茫 前景广阔 前景光明 前景美好(前途√)

这项政策关系到国家的发展前景。(宾语。前途√)

虽然公司的发展遇到了困难,但前景是光明的。(主语。前途√)

人们对香港的发展前景充满了信心。(前途√)

你们觉得这所学校的前途怎么样?(前景√)

【不同】

1. "前景"主要指不久就可以看到的景象,一般不用于个人,可以与"行业、职业、市场、投资、产品、合作、就业"等搭配。此时不用"前途":

行业前景 合作前景 应用前景 投资前景 职业前景 市场前景 就业前景(前途 ×)

中韩两国有着广阔的合作前景。(前途 ×)

在会上,总经理分析了几种主要产品的市场前景。(前途 ×)

看起来,这个行业的前景似乎不怎么样。(前途 ×)

要先弄清这个地区的投资前景如何，再作决定。（前途 ×）

2. "前途"主要指前面的路程或未来的发展情况，可以用于个人，常用"好、无限、无量"来形容；可以与"影响、耽误、葬送、毁"等动词搭配。"前景"不能这样用：

好前途　自己的前途　个人的前途　前途无限　前途无量（前景 ×）

你这么年轻能干，前途无限啊！（前景 ×）

他对自己的前途充满了信心。（前景 ×）

你好好干，一定大有前途。（前景 ×）

他认为这个行业没有前途。（前景 ×）

你这么做等于自己毁了自己的前途。（前景 ×）

---

侵犯 qīnfàn（动 violate, encroach, infringe upon）
侵略 qīnlüè（动 invade, aggress）

---

【相同】

都是动词，做谓语，表示侵入别国领域。有时可以互换，但意思有一些不同：

中国绝不会侵略任何国家。（侵犯 √）

对这种侵犯别国领土的行为，各国都表示谴责。（侵略 √）

【不同】

1. "侵犯"指短时地侵入别国的边境、领土、领海、领空等，不是长期地占领，"侵犯"的方式是武装侵入；而"侵略"指长期占领或企图长期占领别国的领土、损害别国的主权及利益，"侵略"的方式可以是武装侵入，也可以是经济、政治、文化上的侵入，"侵略"常跟"发动"搭配：

近几天，A 国的飞机多次侵犯我国的领空。（侵略 ×）

近日来，A 国军队屡次侵犯 B 国边境。（侵略 ×）

侵犯　侵略；亲身　亲自

历史上，A 国曾经对 B 国发动过侵略。（侵犯 ×）
全世界人民都反对侵略，希望和平。（侵犯 ×）
干涉别国内政实际上就是政治上的侵略。（侵犯 ×）
我们应该对文化侵略保持警惕。（侵犯 ×）

2. "侵犯"还表示非法干涉别人或别国，损害其权利、利益，常与"主权、人权、肖像权、著作权、利益、隐私、名誉"等搭配；"侵略"没有这样的用法：

不可侵犯　不容侵犯　严重侵犯　互不侵犯（侵略 ×）
世界上任何一个国家的主权都是神圣不可侵犯的。（侵略 ×）
中国绝不会去侵犯别国的利益、主权和领土。（侵略 ×）
公民的政治权利是不容侵犯的。（侵略 ×）
你这样做侵犯了别人的著作权和肖像权。（侵略 ×）

3. "侵略"可以做定语，修饰一些名词；"侵犯"很少做定语：

侵略者　侵略性　侵略军　侵略战争　侵略行为　侵略活动　侵略政策　侵略罪行　侵略计划　侵略野心（侵犯 ×）
侵略战争给很多国家都带来了深重的灾难。（侵犯 ×）
侵略者最终注定要失败。（侵犯 ×）
全世界人民都谴责这种侵略行为。（侵犯 ×）

---

亲身 qīnshēn（形 personal, firsthand）
亲自 qīnzì（副 personally, in person）

---

【相同】

都指行动者自己。都可以做状语，都可以用于未完成时的句子，放在"体验、感受、体会、经历、参与"等动词前面：

让她亲身体验一下这种生活是有好处的。（亲自 √）
我说了没用，还是你去亲自感受一下吧。（亲身 √）

如果亲自参与这些活动，你一定会有惊喜。（亲身 √）
我觉得你还是去亲自体会体会吧。（亲身 √）
这种事你亲身经历一下，也是一种成长。（亲自 √）

**【不同】**

1. "亲身"强调本人直接参加进去。使用范围比较小，做状语时只修饰"体验、感受、体会、经历"等一些动词。当修饰这些动词且句子表达的是已完成的动作时，一般用"亲身"：

这是他亲身经历过的事情，怎么会忘了呢？（亲自 ×）
来到山区，他亲身体会到了生活的艰辛。（亲自 ×）
这些，都是我亲身感受到的。（亲自 ×）
这一个月，我亲身体验了警察的生活，很有收获。（亲自 ×）

2. "亲自"强调由自己进行，不是别人去做。"亲自"比"亲身"使用范围广，可以修饰各种行为动词做状语。常用来强调行动者对事情的重视，主语多是长者或上级：

办护照一定得他亲自去。（亲身 ×）
安娜得了第一名，校长亲自给她发奖。（亲身 ×）
今天爸爸亲自下厨，做了很多菜。（亲身 ×）
您不用亲自来，打个电话就行了。（亲身 ×）
让您亲自跑一趟，真不好意思！（亲身 ×）

3. "亲身"是形容词，可以做定语，修饰"经历、感受、体会、体验"等几个名词；"亲自"是副词，不能做定语：

亲身（的）经历　亲身（的）感受　亲身（的）体会　亲身（的）体验（亲自 ×）

这是我亲身的经历，信不信由你。（亲自 ×）
对于苗族人民的热情好客，他有亲身感受。（亲自 ×）
我想说说我在国外留学的亲身体会。（亲自 ×）

勤劳 qínláo（形 diligent, industrious）
辛勤 xīnqín（形 industrious）

**【相同】**

都是形容词，表示努力劳动，不怕辛苦。都可以做定语，修饰"汗水、园丁"等：

这些钱是我们用辛勤的汗水换来的。（勤劳 √）

老师是勤劳的园丁，儿童是祖国的花朵。（辛勤 √）

**【不同】**

1."勤劳"与"懒惰"相对，主要指人的品质，形容努力劳动，不怕辛苦。可以做谓语，可以受"很、非常、特别"等修饰；"辛勤"不能这样用：

很勤劳　非常勤劳　十分勤劳　勤劳勇敢（辛勤 ×）

中国人民是勤劳勇敢的。（辛勤 ×）

这儿的老百姓都特别勤劳。（辛勤 ×）

这里的人勤劳而朴实。（辛勤 ×）

2."辛勤"指辛苦勤劳，主要形容人的状态，常做状语；"勤劳"一般不做状语：

辛勤（地）工作　辛勤（地）劳动　辛勤（地）培育　辛勤（地）培养　辛勤（地）养育　辛勤（地）耕耘（勤劳 ×）

农民每天都在地里辛勤地劳动。（勤劳 ×）

十多年来，她一个人辛勤地养育着三个孩子。（勤劳 ×）

大家都在辛勤工作，用自己的双手创造幸福的生活。（勤劳 ×）

一年又一年，老师们辛勤地培育着学生。（勤劳 ×）

3.做定语修饰"人、人民"等时用"勤劳"，修饰"劳动、工作、培养、教导、耕耘、努力"时用"辛勤"，修饰"双手"以及"蜜蜂、蚂蚁"等动物时，多用"勤劳"：

勤劳的人　勤劳的人民（辛勤 ×）

辛勤（的）劳动　辛勤（的）工作　辛勤（的）培养　辛勤（的）教导　辛勤（的）养育　辛勤（的）耕耘　辛勤（的）努力（勤劳 ×）

勤劳的双手　勤劳的蜜蜂　勤劳的蚂蚁　勤劳的小白兔（辛勤 ×）

中国拥有十几亿勤劳的人民，这是一笔巨大的财富。（辛勤 ×）

她用勤劳的双手创造了美好的生活。（辛勤 ×）

为了孩子的健康成长，父母付出了辛勤的劳动。（勤劳 ×）

这次成功与大家的辛勤工作是分不开的。（勤劳 ×）

---

清除 qīngchú（动 clear away, get rid of）
消除 xiāochú（动 eliminate）

---

【相同】

都是动词，做谓语，表示去掉、除去。但意思和用法都有不同，很少能够互换：

政府下定决心要清除腐败。（消除 √）

【不同】

1. "清除"强调完全弄干净、全部去掉。"清除"的是垃圾、灰尘等脏东西，或者是旧思想、旧观念、错误思想、障碍等不好的抽象事物；"消除"表示逐步去掉不利的抽象事物，如"贫困、隐患、分歧、误会、怀疑、顾虑、烦恼、疲劳、矛盾、危险、威胁、病痛、影响、不良现象"等：

清除垃圾　清除灰尘　清除污垢　清除头屑　清除病毒　清除泥沙　清除积雪　清除障碍（消除 ×）

清除体内毒素　清除残留的农药　清除旧思想　清除旧观念（消除 ×）

消除误会　消除分歧　消除怀疑　消除顾虑　消除矛盾　消除危

险　消除影响　消除病痛　消除不好的情绪（清除 ×）
你们几个人负责清除室内垃圾。（消除 ×）
他为公司事业的发展清除了障碍。（消除 ×）
这次谈话消除了我们之间的误会。（清除 ×）
要学会消除悲观情绪，这有利于人的身体和心理健康。（清除 ×）

2. "清除"的东西可以是具体事物，也可以是人；"消除"的东西不能是人：

要坚决把这些腐败分子从干部队伍中清除出去。（消除 ×）
违反法律的官员一定要清除。（消除 ×）
这次要把公司中的懒人清除掉。（消除 ×）

---

清楚 qīngchu（形 distinct, clear, be clear about）；（动 understand）
清晰 qīngxī（形 distinct, clear）

---

【相同】

都是形容词，指事物不模糊，容易让人看清。都可以形容"字迹、脚印、声音、画面、图像、条理、目标、思维、头脑"等，常可互换：

很清楚　十分清楚　特别清楚　不清楚（清晰 √）
戴上眼镜后，就看得很清楚了。（清晰 √）
爷爷虽然八十多岁了，但头脑还很清楚。（清晰 √）
这张照片不错，很清晰。（清楚 √）
录音效果不错，声音很清晰。（清楚 √）

【不同】

1. "清晰"主要用于听、看、记忆等方面，形容"记忆、形象、面目、脚印、字迹、线索"等事物时，多用"清晰"；"清晰"可用"清楚"替换，但"清楚"不一定能用"清晰"替换：

清晰的声音　清晰的画面　清晰的脚印　清晰的字迹　清晰的记

忆　清晰的线索（清楚 √）

雪地上留下了清晰的脚印。（清楚 √）

电视机出现了清晰的图像。（清楚 √）

夜里，躺在床上，过去的事情又清晰地出现在眼前。（清楚 √）

2. "清楚"主要表示事物整体上不模糊，容易让人认识或了解，适用范围比"清晰"广；还常形容"事情、内容、方法、原因、道理、历史、关系、账目"等；还常跟"说、告诉、计算、调查"等动词搭配：

事故的原因已经很清楚了。（清晰 ×）

道理他都清楚，但就是不愿意去做。（清晰 ×）

这些账目很清楚，没有一点差错。（清晰 ×）

我可以清楚地告诉你，我不想和你一起去。（清晰 ×）

3. "清楚"可以构成"清清楚楚、不清不楚"，还可以直接用在动词后做补语；"清晰"没有这样的用法：

说清楚　问清楚　想清楚　弄清楚　写清楚（清晰 ×）

我已经说得清清楚楚了。（清晰 ×）

我可以清清楚楚地告诉你，这件事跟我没有任何关系。（清晰 ×）

他在电话里说得不清不楚，不知道他什么时候要过来。（清晰 ×）

不好意思，我没说清楚。（做补语。清晰 ×）

4. "清楚"还有动词的用法，做谓语，表示知道、了解；"清晰"没有这样的用法：

我不清楚他是怎么想的。（清晰 ×）

他很清楚这里的情况。（清晰 ×）

这件事情只有他一个人清楚。（清晰 ×）

情况 qíngkuàng（名 circumstances, state of affairs）
情形 qíngxíng（名 situation, condition）

【相同】

都是名词，指事物表现出来的样子，都可以做主语、宾语。有时可以互换：

这种情况　那种情况　一种情况　当时的情况　现在的情况（情形 √）

当时的情况是什么样，你向大家介绍一下。（主语。情形 √）

看到这种情形，我不禁想起了自己的童年。（宾语。情况 √）

在那种情形下，谁都控制不住自己的感情。（情况 √）

【不同】

1. "情况"泛指事物发生、存在、变化的客观状态，前面常有名词、代词或形容词定语。适用范围广，可以用于口语、书面语，可以用于各种场合和各种事情：

经济情况　生活情况　学习情况　工作情况（情形 ×）

新情况　紧急情况　复杂情况　特殊情况（情形 ×）

我的情况　他的情况　中国的情况　北京的情况（情形 ×）

他家的经济情况不太好。（情形 ×）

医生耐心地询问了病人的情况。（情形 ×）

报告，发现新情况！（情形 ×）

在这种紧急情况下，你会怎么办？（情形 ×）

2. "情形"指事物表现出来的样子、形态，比较具体，前面常有描写具体场景的定语，谓语多是表示看或记忆的动词，多用于书面语；"情况"前面可以没有定语：

看到这种令人心碎的情形，大家都流下了眼泪。（情况 ×）

我忘不了他在机场为我送行的情形。（情况 ×）

去年中秋节咱们一起赏月的情形,我还记得很清楚。(情况 ×)
情况紧急,你赶快走吧!(情形 ×)
他发现情况不好,立刻报了警。(情形 ×)

3. "情况"不仅可以看,还可以听、分析、掌握,可以和"调查、反映、汇报、发生、发现、掌握、分析、了解、弄清"等动词搭配,还可以和"紧急、复杂、异常、严重"等形容词搭配;"情形"没有这样的用法:

了解情况 介绍情况 调查情况 反映情况 汇报情况 掌握情况 分析情况 弄清情况(情形 ×)
情况紧急 情况复杂 情况异常 情况严重 情况特殊(情形 ×)
他刚参加工作,不了解情况。(情形 ×)
你没有弄清情况,就不要随便发表议论。(情形 ×)
目前公司的情况非常复杂。(情形 ×)
他的情况特殊,应当特别重视。(情形 ×)

4. "情况"还指事情的变化、新出现的状态,常跟"有、没有、出现"搭配,前面可以没有定语;"情形"没有这样的用法:

一有情况,你就打电话告诉我。(情形 ×)
一连几天都没有什么情况。(情形 ×)

---

晴 qíng(形 fine, clear)
晴朗 qínglǎng(形 fine, sunny)

---

【相同】

都是形容词,形容天气好,阳光灿烂,天上没有云或很少云。但用法不同,不能互换。"晴朗"一般用于书面语,特别是文学语言的描写中;平时谈论天气变化情况,一般用"晴"。

**【不同】**

1. "晴朗"常做定语，修饰"天、天空、早晨"等，中间要加"的"；"晴"做定语，一般只修饰"天空"等，中间不加"的"：

晴朗的天　晴朗的天空　晴朗的早晨　晴朗的春天　晴朗的夜空（晴 ×）

晴天　大晴天　晴空　（晴朗 ×）

明天如果是晴天，咱们就去爬山吧！（晴朗 ×）

刚才还晴空万里，怎么一下子就阴了？（晴朗 ×）

雨停了，太阳出来了，又是一个晴朗的早晨。（晴 ×）

晴朗的天空中飘着朵朵白云，草原的秋天真美。（晴 ×）

2. 都可以做谓语，"晴朗"可受"很、非常、格外、特别"等副词修饰；"晴"不能这样用。"晴"可以和"了、不、没"等组合；"晴朗"不能这样用：

很晴朗　非常晴朗　格外晴朗　十分晴朗　特别晴朗（晴 ×）

天晴了　天还不晴　天没晴（晴朗 ×）

今天天气很晴朗。（晴 ×）

秋天的天空格外晴朗。（晴 ×）

天晴了，我们出去走走吧！（晴朗 ×）

下了这么多天雨，怎么还不晴！（晴朗 ×）

3. "晴"的主语是"天、今天、昨天、明天、刚才、现在"等；"晴朗"的主语是"天气、天空、夜空"等：

刚才还下雨，现在又晴了。（晴朗 ×）

天气预报说今天是晴转多云，明天是多云转晴。（晴朗 ×）

今天天气晴朗，空气清新。（晴 ×）

秋天的夜空格外晴朗。（晴 ×）

# R

> 忍耐 rěnnài（动 exercise patience, restrain oneself）;（名 patience）
> 忍受 rěnshòu（动 bear, stand）

【相同】

都是动词，做谓语，指不表现出内心的情绪，承受痛苦或不幸。后面都可以带补语"不住、不了、下去、一下"等，偶尔可以互换：

忍耐不住  忍耐下去  忍耐一下  忍耐不了（忍受√）

她这么对你，你怎么能忍耐下去？（忍受√）

我实在忍受不下去了，把心中的不满全都发泄了出来。（忍耐√）

【不同】

1. "忍耐"指把自己本身不好的感觉或情绪控制住，不表现出来，强调的是忍着、坚持下来；"忍受"指把外部的痛苦、不幸等勉强承受下来，强调的是接受、承受：

很饿吧？再忍耐一下，马上就吃饭了。（忍受 ×）

太痒了，我快忍耐不住了。（忍受 ×）

外面的噪音太大，让人无法忍受！（忍耐 ×）

他侮辱我的人格，我当然不能忍受！（忍耐 ×）

他受尽了折磨，实在忍受不下去了。（忍耐 ×）

2. "忍受"可以带宾语；"忍耐"很少带宾语：

我忍受不了她的啰唆，和她吵了起来。（忍耐 ×）

这几天，我一直忍受着失眠的折磨。（忍耐 ×）

两个孩子忍受着饥饿，等着父母回来。（忍耐 ×）

他说他难以忍受这种痛苦的生活。(忍耐 ×)

3."忍耐"还有名词的用法,可以做主语、宾语;还可以构成"忍耐力",可以重叠。"忍受"没有这样的用法:

我们的忍耐是有限度的!(主语。忍受 ×)

这时候,忍耐是很重要的。(主语。忍受 ×)

你现在需要的是忍耐。(宾语。忍受 ×)

要多些忍耐,不能急躁。(宾语。忍受 ×)

据说这几个星座的人有比较强的忍耐力。(忍受 ×)

你再忍耐忍耐,我相信很快就会好起来的。(忍受 ×)

# S

丧失 sàngshī(动 lose, forfeit)
失去 shīqù(动 lose)

【相同】

都是动词,做谓语,表示原来有的东西变得没有了。都可以带"权力、自由、信心、信仰、勇气"等名词做宾语,"丧失"的语义比"失去"重:

丧失权力　丧失自由　丧失信心　丧失信仰　丧失记忆　丧失能力　丧失机会(失去 √)

失去勇气　失去生命　失去人性　失去尊严　失去资格　失去意义　失去依靠(丧失 √)

遇到困难的时候,我也丧失过信心。(失去 √)

违反考试制度,不仅成绩为零,而且会丧失补考资格。(失去 √)

她的眼睛虽然看不见了，但并没有失去生活的勇气。（丧失 √）
那个时候，有些人失去了信仰。（丧失 √）

**【不同】**

1. "失去"语义较轻，但比"丧失"适用范围大，适用于所有的事物。可用于具体的人、有生命的东西以及"联系、财产、效力、依靠"等；此时一般不用"丧失"：

失去联系　失去朋友　失去客户　失去财产（丧失 ×）
在那次事故中，他失去了儿子。（丧失 ×）
孩子失去了自己心爱的小狗，哭得十分伤心。（丧失 ×）
大学毕业以后，我和他就失去了联系。（丧失 ×）
七岁时母亲去世了，从此她失去了依靠。（丧失 ×）

2. 可以说"丧失掉、丧失尽、丧失殆尽"；"失去"没有这样的用法：

他已经丧失掉了尊严和勇气。（失去 ×）
王家的脸面被他丧失尽了。（失去 ×）
他的勇气已经丧失殆尽。（失去 ×）

---

色彩 sècǎi（名 colour, shade, flavour）
颜色 yánsè（名 colour, countenance, facial expression）

---

**【相同】**

都是名词，指红、黄、蓝、绿等各种颜色。都可以做主语、宾语，有时可互换：

这幅画的色彩有点儿单调。（主语。颜色 √）
我不喜欢这么鲜艳的颜色。（宾语。色彩 √）
孩子们用这些色彩鲜艳的图片拼出了几个大字。（颜色 √）

【不同】

1. "色彩"是颜色的总称,由多种颜色组合搭配而成,不能指某一种具体的颜色;"颜色"可以指几种颜色,也可以指某一种颜色:

你家的猫什么颜色?(色彩 ×)

这条裙子的颜色是白的。(色彩 ×)

红玫瑰的颜色当然是红的。(色彩 ×)

2. "颜色"可以受"红、黄、蓝、绿、深、浅"等词的修饰;"色彩"不能这样用:

红颜色 蓝颜色 绿颜色 白颜色 浅颜色 深颜色(色彩 ×)

小陈穿了一件红颜色的上衣,很漂亮。(色彩 ×)

我喜欢绿颜色,他喜欢蓝颜色。(色彩 ×)

3. "色彩"还可以比喻事物、思想、感情的特点、风格;"颜色"没有这样的用法:

感情色彩 民族色彩 宗教色彩 地方色彩 东方色彩(颜色 ×)

生活的色彩 诗歌的色彩 现实主义色彩 浪漫主义色彩(颜色 ×)

这首诗的感情色彩很强烈。(颜色 ×)

这套衣服有强烈的民族色彩。(颜色 ×)

这些拍摄技巧给电影增加了浪漫主义色彩。(颜色 ×)

文学作品的色彩应当是五光十色的。(颜色 ×)

4. "颜色"还指显示给别人看的厉害的行为;"色彩"没有这样的用法:

小明打了我一拳,说是要给我点儿颜色看看。(色彩 ×)

你还不知道我的厉害,我必须给你点儿颜色看看!(色彩 ×)

善于 shànyú（动 be good at, be adept in）
擅长 shàncháng（动 be good at, be skilled in）

【相同】
都是动词，做谓语，表示在某方面有特长、特别会做某事。常做谓语，可受副词"不、比较、很、非常、特别"等修饰，不能带"了、着、过"。后面是动词或动词短语时，常可相互替换：

很善于　比较善于　特别善于　不善于　不太善于（擅长√）

擅长表达　擅长交际　擅长理财　擅长调查研究　擅长经营　擅长演讲　擅长写文章（善于√）

他不太擅长交际。（动词。善于√）

这孩子最善于模仿猴子的动作。（动词短语。擅长√）

他很善于跟人打交道。（动词短语。擅长√）

你擅长做什么？（动词短语。善于√）

【不同】
1. "擅长"的程度比"善于"高，主要指在某方面很有才能。一般是学问、本领、技能等，需要专门学习和训练，如音乐、绘画、运动、修理钟表等；"善于"主要指很会做某事、在某方面做得特别好，多用于工作、社会活动、技能方面：

擅长音乐　擅长绘画　擅长写作　擅长运动　擅长游泳　擅长修理钟表　擅长建筑设计（善于×）

善于思考　善于忍耐　善于倾听　善于创新　善于学习　善于钻研　善于联想　善于动脑筋（擅长×）

善于变化　善于观察　善于发现问题　善于独立思考　善于控制情绪　善于利用时间（擅长×）

他擅长游自由泳，教练让他往这方面发展。（善于×）

小明擅长吹长笛，小丽擅长弹钢琴。（善于×）

搞研究，首先要<u>善于</u>发现问题。（擅长 ×）

张敏这个人比较<u>善于</u>思考。（擅长 ×）

2. "擅长"的宾语可以是动词或动词短语，也可以是代词、名词或名词短语，有时还可以不带宾语；"善于"要带宾语，且宾语多是动词或动词短语（除"言辞、辞令"等少数名词外）：

<u>擅长</u>表达　<u>擅长</u>交际　<u>擅长</u>理财　<u>擅长</u>调查研究　<u>擅长</u>经营　<u>擅长</u>演讲　<u>擅长</u>写文章（善于 √）

<u>擅长</u>什么　<u>擅长</u>体育　<u>擅长</u>散文　<u>擅长</u>书法　<u>擅长</u>喜剧　<u>擅长</u>历史题材　<u>擅长</u>体操　<u>擅长</u>逻辑思维　<u>擅长</u>心理描写（善于 ×）

<u>善于</u>言辞　<u>善于</u>辞令（擅长 √）

他<u>擅长</u>书法和绘画。（名词宾语。善于 ×）

你<u>擅长</u>什么？（代词宾语。善于 ×）

小张什么都能做，但什么都不<u>擅长</u>。（不带宾语。善于 ×）

3. "擅长"可以做定语，还可以构成"的"字短语；"善于"没有这样的用法：

你应当做你自己<u>擅长</u>的工作。（善于 ×）

他最<u>擅长</u>的运动是网球。（善于 ×）

你最<u>擅长</u>的是什么？（善于 ×）

---

实验 shíyàn（动 perform an experiment, test）；（名 experiment, test）

试验 shìyàn（动 try out）；（名 test）

---

**【相同】**

都是动词兼名词，指观察事物变化和结果的科学活动，是科学研究的基本方法。有时可以互换：

做<u>实验</u>　进行<u>实验</u>　一次<u>实验</u>　科学<u>实验</u>　临床<u>实验</u>　教学<u>实验</u>　<u>实验</u>过程（试验 √）

我们要通过大量的实验来证明这个理论。（试验 √）

经过五百多例临床试验，这种药有效率达 98% 以上。（实验 √）

**【不同】**

1. "实验"比"试验"规模大，意义更重大，一般用于科学研究方面，为的是证实或检验某种理论或假设，获得的多是规律性结论；"试验"大多带有探索性，没有假设，要小一些，具体一些，主要是为了观察了解某事的结果或性能：

经过无数次的试验，我们的这项实验终于取得了成功。（实验 ×  试验 ×）

心理学家通过这项实验告诉大家，黑猩猩具有相当于人类幼儿的智商水平。（试验 ×）

我们准备在兔子身上试验新药的效果。（实验 ×）

这种方法可不可行，咱们来做个试验。（实验 ×）

2. "试验"常用作动词，可以重叠，后面可以带"了、过、一下、一次"；"实验"一般不这样用：

试验了　试验过　试验一下　试验一次　试验试验（实验 ×）

这种方法我们试验过了，效果不好。（实验 ×）

我刚才试验了一下，这种方法不太行。（实验 ×）

木块重还是塑料块重，我们来试验一下就知道了。（实验 ×）

3. "实验"经常做定语，可以组成"实验室、实验员"等；"试验"偶尔也做定语，但仅限于"试验田、试验班"等少数几个。此外，"试验"还可组成"核试验、氢弹试验、核武器试验"，此时一般不用"实验"：

实验室　实验员　实验小学　实验中学（试验 ×）

实验课　实验班　实验报告（试验 √）（与用"实验"意义不同）

核试验　氢弹试验　核武器试验（实验 ×）

这几天他总是待在实验室里做实验。（试验 ×）

刘静的爸爸在市实验中学当老师。（试验 ×）

> 事情 shìqing（名 affair, matter）
> 事务 shìwù（名 work, routine, general affairs）

【相同】
都是名词，指活动、工作。做主语、宾语，有时可以互换：
教学方面的具体事情由小黄负责。（主语。事务√）
总经理秘书很忙，每天都有处理不完的事务。（宾语。事情√）
行政上的事情不归我管。（事务√）
校长很忙，工作上的事务和约会很多。（事情√）

【不同】
1. "事务"指工作上的、重要的事情，前面常有说明"事务"性质、特点的定语，如"公共事务、国际事务"等：
公共事务　政治事务　安全事务　宗教事务　行政事务（事情×）
她是一位国际事务专家。（事情×）
这个人不善于处理公众事务。（事情×）
办公室的日常事务由王秘书处理。（事情×）
小王不太喜欢参与行政事务工作。（事情×）

2. "事情"泛指人的一切活动和所遇到的一切社会现象，比"事务"常用；使用时前面不需要有说明性质特点的定语，可以直接用"好、坏、大、小、难、容易"或数量短语修饰：
好事情　坏事情　人事情　小事情　我的事情　你的事情（事务×）
一件事情　几件事情　这件事情　那件事情（事务×）
失败不一定是坏事情。（事务×）
最近的确没发生什么大事情啊！（事务×）
你的事情很难办。（事务×）
那天到底发生了什么事情？（事务×）
我还有事情要做，不陪你了。（事务×）

每天做好一件事情,就很不简单了。(事务 ×)
这件事情你别管,我自己处理。(事务 ×)

3. "事务"可跟"繁忙、忙碌"搭配,还可构成"事务所、事务部、事务科、事务性":

尽管事务十分繁忙,他仍有自己的兴趣爱好。(事情 ×)
这个人只能做做事务性的工作。(事情 ×)
1986年,公司成立了对外事务部。(事情 ×)
我一毕业就在这家律师事务所工作。(事情 ×)

---

思考 sīkǎo(动 think deeply, reflect on)
思索 sīsuǒ(动 think deeply and hard, ponder)

---

【相同】

都是动词,做谓语,指进行比较深刻的思维活动。有时能互换:

专心思考　认真思考　值得思考　经过思考(思索 √)
这个问题,他已经思考了两天。(思索 √)
他是个喜欢思索的人。(思考 √)
他一直不说话,好像在思索着什么。(思考 √)

【不同】

1. "思考"强调依靠自己的头脑、智力去认真、深入地考虑问题,"思考"的东西可以是具体的,也可以是抽象的;常和"独立、好好、大胆、周密、仔细"等词语搭配:

独立思考　好好思考　大胆思考(思索 ×)
你好好思考,这道题该怎么做。(思索 ×)
论文怎么写,我还要好好思考。(思索 ×)
你应该学习陈华那种独立思考的精神。(思索 ×)
我们对这些问题进行了思考。(思索 ×)

2. "思索"主要表示用心去寻求、探索道理、奥秘等,"思索"的东西一般都抽象而重大,常说"不假思索":

电脑给人类带来的究竟是什么?这个问题值得思索。(思考 √)

他在思索着中国的命运。(思考 √)

经理不假思索就同意了秘书的意见。(思考 ×)

3. "思考"可以重叠;"思索"不能重叠。"思考"后面可以带"一下"等,"思索"后面要有"了"才能带"一下"等:

思考思考　思考一下(思索 ×)

思索了一下(思考 √)

别急,让我好好思考思考再做决定吧。(思索 ×)

这个问题你认真思考一下吧。(思索 ×)

他思索了一下,才回答了这个问题。(思考 √)

4. "思考"还可以做定语;"思索"不能这样用:

思考题　思考能力　思考方法　思考方式　思考时间(思索 ×)

这道题,给大家五分钟思考时间。(思索 ×)

小孩子多问问题有助于提高他们的思考能力。(思索 ×)

---

死 sǐ(动 die);(形 extremely, inaccessible, fixed, inflexible, irreconcilable);(副 stubbornly, to the death)

死亡 sǐwáng(动 die)

---

【相同】

都是动词,表示失去生命。都可以做谓语、主语,偶尔可以互换:

病人已经死了。(谓语。死亡 √)

死没什么可怕的!(主语。死亡 √)

这场战争中,双方死亡了近百万人。(死 √)

**【不同】**

1. "死"多用于口语,多和单音节词语搭配;"死亡"多用于书面语,多和双音节词语搭配:

很怕死　不想死　从生到死　生死关头(死亡 ×)
自然死亡　脑死亡(死 ×)
逐渐死亡　正常死亡　离奇死亡　意外死亡(死 ×)
不幸死亡　车祸死亡　造成死亡　大量死亡(死 ×)
这条鱼刚才还活着,怎么一下子就死了?(死亡 ×)
我还年轻,我不想死。(死亡 ×)
这里的鸟儿突然大量死亡,我们正在调查原因。(死 ×)

2. "死"后面可以带表示结果、状态、原因、地点、数量的补语;"死亡"一般不能这样用。"死亡"可以做宾语;"死"只能做"怕"的宾语:

死光　死去　死掉(结果。死亡 ×)
死得很痛苦　死得很惨(状态。死亡 ×)
死于战争　死于心脏病(原因。死亡 ×)
死在战场上　死在酒吧里(地点。死亡 ×)
死过一次　死过几回(数量。死亡 ×)
这个农场的鸡都死光了。(死亡 ×)
他的父母亲都死于那场战争。(死亡 ×)
一个人要死得有意义。(死亡 ×)
他终于战胜了死亡,又活过来了!(宾语。死 ×)
人都有一死,要能够勇敢地面对死亡。(宾语。死 ×)
你不怕死,我也不怕死!(宾语。死亡 √)

3. 都可以做定语,但搭配不同:"死亡"修饰的是"人数、时间"等,多是双音节词;"死"修饰的是人或动物,可以是单音节词,也可以是双音节词:

死人　死者　死鸟　死鱼　死老鼠　死老虎　死鲸鱼(死亡 ×)

死亡率　死亡人数　死亡原因　死亡时间　死亡的地点（死 ×）
不要买死鱼，要买活鱼。（死亡 ×）
死老虎有什么可怕的？（死亡 ×）
死亡原因正在调查之中。（死 ×）
这种疾病的死亡率非常高。（死 ×）

4. "死"还可以放在动词或形容词后面，表示结果或强调程度高；"死亡"没有这样的用法：

病死　累死　气死　饿死　渴死　忙死　脏死（死亡 ×）
着急死　高兴死　开心死　难过死　伤心死　舒服死（死亡 ×）
他的弟弟去年病死了，全家人都很伤心。（结果。死亡 ×）
他没有休息过一天，他是累死的。（结果。死亡 ×）
我饿死了，我们快去吃饭吧。（程度高。死亡 ×）
她怎么还不来？我都着急死了！（程度高。死亡 ×）

5. "死"可以比喻放弃、没有出路；还可以表示不灵活，不能通过，坚决，不能相容的，不流动、不活动的，不顾生命、用尽全力的，让人讨厌、生气的等意义；"死亡"没有这样的用法：

你就死了这条心吧。（放弃。死亡 ×）
你的棋已经死了，认输吧。（无出路。死亡 ×）
他脑筋太死了。（不灵活的。死亡 ×）
他死不承认自己的错误。（坚决地。死亡 ×）
这是一条死路。（不能通过的。死亡 ×）
他们俩是死对头，一见面就吵架。（不能相容的。死亡 ×）
这是一座死火山。（不活动的。死亡 ×）
他们决定跟敌人死战到底。（不顾生命、用尽全力的。死亡 ×）
你这个死丫头，一天到晚就只知道玩。（让人讨厌、生气的。死亡 ×）

# T

> 讨厌 tǎoyàn（动 detest, dislike）;（形 disagreeable, disgusting）
> 厌恶 yànwù（动 detest, loathe）

【相同】

都可以做动词，都表示对人、事物或行为不喜欢。都可以受"很、非常"等程度副词修饰。"讨厌"和"厌恶"经常可以互换，但"厌恶"多用于书面语：

她讨厌各种昆虫。（厌恶 √）

他厌恶沙尘暴天气。（讨厌 √）

我最讨厌说假话的人了。（厌恶 √）

【不同】

1. "讨厌"和"厌恶"都可以带宾语，表示对某人或某事不喜欢，但二者程度不同。"厌恶"程度更深，强调对人或事物有很大的反感：

我很讨厌那些通过走后门进入这个公司的人。（厌恶 √）

阿里讨厌跟不讲道理的人争论。（厌恶 √）

我厌恶那些喜欢吹牛的人。（讨厌 √）

2. "厌恶"可以单独做状语；"讨厌"不能这样用：

他厌恶地说："我绝对不会做这种事情。"（讨厌 ×）

玛丽厌恶地看了他一眼，一句话也没说就走了。（讨厌 ×）

3. "讨厌"做形容词时表示让人不喜欢的，有时带有埋怨、撒娇的语气。前面可以受"真、太"等修饰；"厌恶"没有这样的用法：

弟弟觉得洗碗是一件很讨厌的事情。（厌恶 ×）

这个人真讨厌，经常在背后说别人坏话。（厌恶 ×）
人家等你半天了，真讨厌。（表埋怨或撒娇。厌恶 ×）
讨厌！你要过来怎么不先告诉我？（表埋怨或撒娇。厌恶 ×）

4. "厌恶"可以构成"厌恶感"；"讨厌"不能这样用。"讨厌"中间可以插入"人"，构成"讨人厌"；"厌恶"不能这样用：

这更增加了我对他的厌恶感。（讨厌 ×）
你不知道这孩子有多讨人厌。（厌恶 ×）

---

特点 tèdiǎn（名 characteristic, distinguishing feature, peculiarity）
特色 tèsè（名 characteristic, distinguishing quality）
特征 tèzhēng（名 characteristic, feature, trait）

---

【相同】

都是名词，指事物具有的独特的地方。有时可以互换：

李白的诗歌具有浪漫主义的艺术特点。（特色 √　特征 √）
老师分析了这篇散文的艺术特色。（特点 √　特征 √）
这幅画画出了江南水乡的特征。（特点 √　特色 √）

【不同】

1. "特色"指事物表现出来的独特的风格和色彩，多用于文学、艺术和具有民族性和地方性的事物。强调某方面的风格时，也可以用"特点"，但用"特色"最恰当，除了可以说"艺术特征"外，一般不用"特征"：

报纸要办出自己的特色，才能让人感到与众不同。（特点 √　特征 ×）
她的都市小说充满了浓郁的地方特色。（特点 √　特征 ×）
最富有沙漠城镇特色的是那个"骆驼市场"。（特点 √　特征 ×）
这家店专门卖具有民族特色的服装，去看看吧！（特点 √　特征 ×）

2. "特征"指事物或人表现出来的具体的、可以区别于其他事物或人的标志，此时也可以用"特点"，不能用"特色"：

这本书里的每一个人物都富有个性特征，写得很精彩。（特点√ 特色×）

小云的相貌有一个特征：嘴角右上方有一颗红痣。（特点√ 特色×）

我国去年的主要气候特点是气温高、降水少。（特色× 特征√）

你来说说肺炎有哪些特征？（特点√ 特色×）

3. "特点"和"特征"可以用于事物，也可以用于人；"特色"只能用于事物。"特点"和"特征"可以是好的，也可以是坏的；"特色"都是好的：

小王的性格特点是开朗活泼、爱交朋友。（特色× 特征√）

老师从学生的心理特点出发，设计了一些心理测试题。（特色× 特征√）

患病的小孩往往有注意力不集中和情绪不稳定的特征。（特点√ 特色×）

4. "特色"可以做定语；"特点、特征"不能这样用：

特色菜 特色小吃 特色食品 特色服务 特色项目（特点× 特征×）

去一个地方，要尝尝当地的特色小吃。（特点× 特征×）

你们这里的娱乐城有什么特色项目？（特点× 特征×）

# W

违背 wéibèi（动 disobey, violate, go against, go back on）
违反 wéifǎn（动 run counter, be contrary, violate）

【相同】

都是动词,做谓语,表示不遵守、不符合。都可以与"政策、原则、方针、命令、道德、人性、规律、约定、合同、常识、伦理"等搭配:

市政府对那些违背国家政策的行为进行了查处。(违反 √)

把适宜南方生长的树移植北方,这是违背自然规律的。(违反 √)

我不能做这种事情,这违反了我做人的原则。(违背 √)

你这么做违反了合同的约定。(违背 √)

【不同】

1. "违背"强调"与……不一致、相背离",和"利益、原理、精神、意志、良心、心愿、誓言、诺言、诚信、感情"等搭配时,一般用"违背",较少用"违反":

妈妈希望我早点结婚,我不想违背她的心愿。(违反 ×)

这种行为是违背全国人民的意志和利益的。(违反 ×)

他不遵守合同,违背了诚信。(违反 ×)

你可不能做违背自己感情的事啊!(违反 ×)

2. "违反"强调"不符合",和"法律、纪律、秩序、制度、规定、规则"等搭配时,一般用"违反",较少用"违背":

昨天他因为违反交通规则,被交警罚了款。(违背 ×)

请你排队,不要违反公共秩序。(违背 ×)

不管是谁,违反了法律就要受到惩罚。(违背 ×)

你是个学生,不能违反学校的纪律。(违背 ×)

3. "违背"可以构成"与/和/同/跟……相违背"的固定结构;"违反"没有这样的用法:

算命这种行为是与现代科学相违背的。(违反 ×)

你的所作所为与你的诺言是相违背的。(违反 ×)

> 温和 wēnhé（形 temperate, mild）
> 温柔 wēnróu（形 gentle and soft）

【相同】

都是形容词，形容人的性格、语言、态度和气，让人感到舒服亲切。都可以受"很、比较、十分、非常"等副词修饰，有时可以替换：

罗西性格很<u>温和</u>，脸上总挂着微笑。（温柔 √）

玛丽老师总是用<u>温和</u>、亲切的语气对孩子们说话。（温柔 √）

妈妈十分<u>温柔</u>地对我说："别紧张！"（温和 √）

【不同】

1. "温柔"还形容脾气好，温和柔顺，关心人体贴人，多用于女性：

玛丽是个<u>温柔</u>可爱的姑娘。（温和 ×）

你一个女孩子，怎么一点儿也不<u>温柔</u>呢？（温和 ×）

我喜欢<u>温柔</u>的姑娘。（温和 ×）

2. "温和"还可以形容方法和观点等不尖锐、不激烈；"温柔"没有这样的用法：

家长应该采用<u>温和</u>的教育方法,避免孩子产生逆反心理。（温柔 ×）

文章内容要<u>温和</u>一点儿，不要太尖锐。（温柔 ×）

他是政府中的<u>温和</u>派。（温柔 ×）

他的观点比较<u>温和</u>，对方可以接受。（温柔 ×）

3. "温柔"还可以指曲调、歌声、感情、风、水等比较柔和，不激烈，还可以指动作轻柔；"温和"没有这样的用法：

这<u>温柔</u>的歌声打动了所有的人。（温和 ×）

这首乐曲<u>温柔</u>感伤，勾起我那悲伤的回忆。（温和 ×）

对于故乡，我总怀有一种<u>温柔</u>的情感。（温和 ×）

风<u>温柔</u>地吹着，小河静静地流着。（温和 ×）

他一边<u>温柔</u>地抚摸着我的脸庞，一边安慰我、开导我。（温和 ×）

4. "温和"可以形容气候不冷不热;"温柔"不能这样用:

春天气候温和,各种昆虫就出来活动了。(温柔 ×)

云南气候温和,四季如春,是个好地方。(温柔 ×)

---

误会 wùhuì(动 misunderstand, misread);(名 misunderstanding)

误解 wùjiě(动 misunderstand);(名 misunderstanding)

---

【相同】

都是动词兼名词,表示错误地理解了别人的意思。经常可以互换:

都怪我误解了你的意思,给你带来这么多麻烦!(误会 √)

没想到他做好事反而被误解。(误会 √)

你快点解释清楚,不要造成误会。(误解 √)

大家坐下来好好谈谈,一定可以消除误会。(误解 √)

【不同】

1. "误解"还可以表示对某个概念、某种事情理解得不正确;"误会"没有这样的用法:

大多数女性对"减肥"的概念有不同程度的误解。(误会 ×)

根据调查,市民对艾滋病存在误解和偏见。(误会 ×)

社会对精神病的误解导致了人们对精神病人的歧视。(误会 ×)

这是一本心理学著作,你别把它误解成小说。(误会 ×)

我认为,黑格尔的一些哲学思想被误解了。(误会 ×)

2. "误会"还可以表示弄错了人或事;"误解"只表示理解不正确。"误会"还可以独立成句;"误解"不能这样用:

我怎么可能做那样的事?肯定是误会。(误解 ×)

你误会了,我不是小南的爸爸。(误解 ×)

误会了,误会了!您别生气!(误解 ×)

3. 做名词时,"误会"一般与量词"场、个"搭配;"误解"一般与量词"种"搭配：

经过他解释后，我们才知道这是个误会。（误解 ×）
他们夫妻俩因为一场误会而分手了。（误解 ×）
人们对他的观点一直有种种误解。（误会 ×）
有人认为睡觉时打鼾就说明睡得好，这其实是一种误解。（误会 ×）

# X

吸取 xīqǔ（动 absorb, draw, assimilate）
吸收 xīshōu（动 assimilate, suck up, absorb, recruit）

【相同】

都是动词，做谓语，指机体或组织接受外界事物。有时可以互换：

吸收水分　吸收营养　吸收资金　吸收新思想（吸取 √）
吸取知识　吸取优点　吸取信息　吸取热量（吸收 √）
根是植物吸收水分的重要器官。（吸取 √）
善于吸收别人的优点，这样才能完善自己。（吸取 √）
要不断吸取各种新知识和新信息，才能跟上时代。（吸收 √）
他从民间音乐中吸取精华，形成了自己独特的音乐风格。（吸收 √）

【不同】

1. "吸取"强调取得外界事物中对自己有益的部分，当宾语是"经验、教训、意见"时，多用"吸取"，少用"吸收"；当宾语是"力量、智慧、灵感"等时，一般只用"吸取"：

吸取教训　吸取经验　吸取意见（吸收 ×）
吸取力量　吸取智慧　吸取灵感（吸收 ×）

要学会从失败中吸取教训。（吸收 ×）

她在实践中不断地吸取经验，改进工作。（吸收 ×）

作家应当从生活中不断吸取创作的力量。（吸收 ×）

2. "吸收"强调吸入外界事物，可以指动物或植物把外部物质变为自身的一部分；"吸取"没有这样的用法：

酸奶比鲜奶更容易吸收。（吸取 ×）

小李吃得不少，但吸收得不好，所以很瘦。（吸取 ×）

植物可以吸收二氧化碳，呼出新鲜氧气。（吸取 ×）

人从食物中可以吸收钙、铁、锌等物质。（吸取 ×）

3. "吸收"可以表示物体使某些作用、现象减弱或消失，还可以表示组织或团体等接受新成员；"吸取"没有这样的用法：

吸收声音　吸收震动　吸收有害气体　吸收甲醛　吸收气味（吸取 ×）

吸收会员　吸收人才　吸收移民　吸收新成员　吸收年轻人（吸取 ×）

隔音玻璃可以吸收声音，达到隔音的效果。（吸取 ×）

这双鞋采用了特殊的材料，能吸收震动。（吸取 ×）

绿色植物不但可以美化环境，还能吸收有害气体，保护环境。（吸取 ×）

这个学期中文系学生会吸收了几名新成员。（吸取 ×）

加拿大放宽了移民政策，来吸收更多的外来移民。（吸取 ×）

我们要多吸收一些年轻人加入我们的俱乐部。（吸取 ×）

4. "吸收"还可以做主语、宾语、定语，还可以用于被动句；"吸取"不能这样用：

被吸收　吸收为　吸收进来　吸收进去　吸收到……里（吸取 ×）

吸收率　吸收力　吸收能力　吸收效果　吸收过程（吸取 ×）

在这个阶段，钙的吸收非常重要。（主语。吸取 ×）

肠胃不好会影响人体对营养的吸收。（宾语。吸取 ×）

吃进去的钙比较少时，钙的吸收率会比较高。(定语。吸取 ×)
这种药不容易被吸收。(被动句。吸取 ×)
小马被大连足球队吸收为新队员。(吸取 ×)

> 习惯 xíguàn（名 habit, custom）;（动 be accustomed to, be used to）
> 习俗 xísú（名 custom, convention）

【相同】

都是名词，指在长时期内养成的、不容易改变的行为、风俗等。一般来说，"习俗"可以用"习惯"替换，但"习惯"不一定能用"习俗"替换：

中国人有在自家门口贴春联迎接春节的习俗。(习惯 √)
在许多地区都有保存婴儿毛发的习俗。(习惯 √)
几千年来，中国人一直保留着端午节吃粽子的习惯。(习俗 √)
在中国，各地有各地不同的习惯。(习俗 √)

【不同】

1. "习惯"既可用于社会、民族、地区，也可以用于个人；"习俗"只能用于社会、民族、地区等，不能用于个人：

好习惯　坏习惯　养成习惯　生活习惯　职业习惯　饮食习惯（习俗 ×）
我的习惯　你的习惯　小王的习惯　杰克的习惯（习俗 ×）
她有临睡前喝一杯牛奶的习惯。(习俗 ×)
大家都劝他改掉抽烟的坏习惯，可他总说改不了。(习俗 ×)
家长要培养孩子爱干净讲卫生的生活习惯。(习俗 ×)
王平是个会计，自己家过日子也记账，都成了职业习惯了。(习俗 ×)

2. "习惯"还有动词的用法，表示常常接触某种新情况而逐渐适应；"习俗"没有这样的用法：

习惯了　很习惯　不习惯　习惯吗　习惯不习惯（习俗 ×）
我刚从日本来到广州，还不习惯这里的天气。（习俗 ×）
爸爸习惯了早睡早起，几十年来都是这样。（习俗 ×）
玛丽来中国快一年了，还不习惯用筷子吃饭。（习俗 ×）

细致 xìzhì（形 careful, meticulous）
详细 xiángxì（形 detailed）
仔细 zǐxì（形 careful, attentive）

【相同】

都是形容词，都表示很具体很全面，都可以做谓语、定语、状语和补语。形容比较、分析、调查、回答、描述等活动时，可以互换，但意思有一些不同：

说明书对这台机器的使用方法进行了详细的说明。（定语。细致 √　仔细 √）

他细致地分析了这两个词的区别。（状语。详细 √　仔细 √）

这本小说对西班牙的"斗牛节"描写得十分细致。（补语。详细 √　仔细 √）

这份报告对整个事件的分析非常详细。（谓语。细致 √　仔细 √）

【不同】

1."细致"强调精细、周密，"详细"强调完备、具体，"仔细"强调细心、认真；做状语时，"细致"后边一般要加"地"，"详细"和"仔细"可不加"地"。形容"听、想"等行为时，要用"仔细"：

阿里向大家详细说明了项目的情况。（细致 ×　仔细 √）
试卷做完后，阿里又仔细地检查了一遍。（细致 √　详细 ×）
这件事让我仔细想想再答复你。（细致 ×　详细 ×）
她听得很仔细，一边听一边记。（细致 ×　详细 ×）

2. "详细"可以形容事物完整、全面,特别是在细小的方面,常用于"内容、资料、计划、过程、地址、文件、提纲、数字"等;"仔细"不能形容事物;"细致"虽然可以形容事物,但不能形容上述的事物:

<u>详细</u>情况 <u>详细</u>地址 <u>详细</u>资料 <u>详细</u>内容 <u>详细</u>提纲 <u>详细</u>经过(细致 ×　仔细 ×)

我需要一份一号工程的<u>详细</u>资料。(细致 ×　仔细 ×)

我需要一份欧洲的<u>详细</u>地图,我打算下个月出国旅行。(细致 ×　仔细 ×)

事情的<u>详细</u>经过就是这样,我全都告诉你了。(细致 ×　仔细 ×)

报告的内容很<u>详细</u>,老师挺满意。(细致 ×　仔细 ×)

我写了一个比较<u>详细</u>的论文提纲,请您给我修改一下。(细致 ×　仔细 ×)

这个计划内容非常<u>详细</u>,写得不错。(细致 ×　仔细 ×)

3. "细致"可以形容东西、服装、艺术品等做得很精细,还可以形容人的行为、作风认真周到,或感情、描写、表演很细密;"详细"和"仔细"没有这样的用法:

这只石头小狗做得十分精巧<u>细致</u>。(详细 ×　仔细 ×)

衣服上面这些<u>细致</u>的图案是人手工绣上去的。(详细 ×　仔细 ×)

李经理的工作作风一贯认真<u>细致</u>。(详细 ×　仔细 ×)

这本小说的心理描写特别好,充分反映了人物内心丰富<u>细致</u>的感情。(详细 ×　仔细 ×)

4. "细致"和"仔细"都可以形容人;"详细"不能形容人,只可以形容人的行为。"详细"和"仔细"可以重叠做状语,"细致"不能重叠:

李智是个很<u>细致</u>的人。(详细 ×　仔细 √)

这个人非常<u>仔细</u>。(细致 √　详细 ×)

小王把事情的经过<u>详详细细</u>地给我们讲了一遍。(细致 ×　仔仔细细 √)

他接过照片，<u>仔仔细细</u>地看了又看。（细致 ×　详细 ×）

> 相信 xiāngxìn（动 believe）
> 信赖 xìnlài（动 rely on, trust）

**【相同】**

都是动词，都表示认为正确，真实、可靠、不怀疑的意思。都可以做谓语、定语、宾语，都可以受程度副词修饰。但"信赖"的意义程度比"信任"高：

我<u>相信</u>他。（谓语。信赖 √）

你是个值得<u>相信</u>的人。（定语。信赖 √）

他值得<u>信赖</u>。（宾语。相信 √）

老板很<u>信赖</u>他，所以让他负责工厂的日常业务。（相信 √）

**【不同】**

1. "信赖"的对象只能是人或政府、企业组织、公司、团体、品牌等，后面的宾语是代词或名词；"相信"的对象可以是人和事，后面可以是动词性词语或句子：

由于产品质量好、售后服务佳，消费者很<u>信赖</u>这个品牌。（相信 √）

李先生为人忠厚老实，大家都很<u>信赖</u>他。（相信 √）

我<u>相信</u>这次活动会圆满成功的。（信赖 ×）

他从不<u>相信</u>有外星人。（信赖 ×）

2. "相信"的对象可以是自己也可以是他人；"信赖"的对象一般是他人，不用于自己：

你要有信心，要<u>相信</u>自己。（信赖 ×）

我<u>相信</u>自己，因为我已经做好了充分的准备。（信赖 ×）

3. "信赖"的前面可以有介词短语"对……"，可以与"受、受到、深受、取得、赢得、辜负、失去"搭配；"相信"没有这样的用法：

小明赢得了同伴的信赖。(相信 ×)
我一定好好工作,不辜负大家对我的支持与信赖。(相信 ×)
我们对他如此信赖,没想到他竟然欺骗我们。(相信 ×)
张市长受到群众的一致信赖。(相信 ×)

---

新颖 xīnyǐng(形 new)
崭新 zhǎnxīn(形 new)

---

**【相同】**

都是形容词,都可以用来形容事物不陈旧、很新,都可以做定语,用来形容"观点、理念、设计、模式、构思"等名词:

这届展览会上,各国汽车制造商展示了许多崭新的汽车设计理念。(新颖 √)

这位科学家就宇宙诞生的问题提出了新颖的观点。(崭新 √)

**【不同】**

1. "新颖"和"崭新"都可以形容抽象事物,但"崭新"主要表示不同于过去,和过去相比有新的变化;"新颖"除了表示跟过去不一样以外,更强调内容、形式等有新的创造,有独特之处:

这种崭新的宣传方式取得了很好的宣传效果。(新颖 √)

经过三十多年的改革开放,中国的经济已经进入崭新的阶段。(新颖 ×)

只要共同努力,我们一定可以创造出崭新的未来。(新颖 ×)

2. "崭新"可以形容具体事物;"新颖"一般不能这样用:

新学期,同学们都领到了崭新的课本。(新颖 ×)

他从书包里拿出一台崭新的手机送给我。(新颖 ×)

阿里刚买了一套新房子,里面的家具也都是崭新的。(新颖 ×)

3. "崭新"多做定语,一般不能单独做谓语、补语;"新颖"可以做定语、谓语、补语：

麦克的衣服设计很新颖。（谓语。崭新 ×）

小明提出的方案虽然有很多不足，但角度十分新颖。（谓语。崭新 ×）

老板要求把饭店布置得新颖别致一些。（补语。崭新 ×）

4."新颖"还能受"很、十分"等程度副词修饰，也能受否定副词"不"修饰；"崭新"不可以这样用：

他在会上提出了一个非常新颖的构思。（崭新 ×）

《尤利西斯》是20世纪初的一部内容、形式都很新颖的小说。（崭新 ×）

这种并不新颖的观点不可能会受到太大的关注。（崭新 ×）

设计不新颖的产品很难有好的销量。（崭新 ×）

---

信念 xìnniàn（名 faith, belief）
信心 xìnxīn（名 confidence）

---

【相同】

都是名词，都可以指不怀疑、不动摇的心理。但意思和用法都不同，偶尔可以互换：

我是带着必胜的信心回到运动场上来的。（信念 √）

坚定的信念使他们取得了最后的胜利。（信心 √）

【不同】

1."信念"指自己认为正确并且相信一定能实现的想法，多用于政治理论、理想、人生道理等方面；"信心"表示相信某种愿望能够实现或相信某事一定能做好的心理，使用范围比"信念"大：

几十年里，他只有一个信念：好好地活下去。（信心 ×）

为人民服务是他一生的信念。（信心 ×）

这些困难与挫折动摇不了我们必胜的信念。(信心 ×)
比赛还没开始,他就失去了信心。(信念 ×)
面对实力强大的对手,我完全没有信心,一上台就紧张。(信念 ×)
虽然李强很年轻,但我对他有信心。(信念 ×)

2. "信念"常跟"树立、确立、改变、动摇、坚持"等动词搭配,常受"坚强、坚定、美好、伟大、永恒、共同、一个"等词语修饰;"信心"常与"建立、树立、动摇、充满、满怀、增强、失去、缺乏、恢复"等动词搭配,常构成"信心不足、信心十足、信心百倍",还可以用于"对……有信心"的结构:

祖国终将统一是中国人民共同的信念。(信心 ×)
这几年一直有一个信念支持着他,他一定能活着出去。(信心 ×)
他从小就树立了为振兴中华而读书的信念。(信心 ×)
人们对未来充满了信心。(信念 ×)
姐姐满怀信心参加了考试,并取得了优异成绩。(信念 ×)
我对这次演讲信心十足。(信念 ×)

---

需求 xūqiú(名 demand, requirement)
需要 xūyào(名 need);(动 need, want)

---

## 【相同】

都是名词,都表示希望得到某些具体或抽象的东西的愿望和要求,都可做主语、宾语,经常可以互换:

满足不同消费者的需求是我们的任务。(需要 √)
群众对电视机的需求已经基本满足。(需要 √)
我们应当根据社会的需求来培养人才。(需要 √)
吃饭、睡觉是人体正常的生理需要。(需求 √)

需求　需要；压抑　抑制

## 【不同】

1. "需要"还有动词用法，表示应该有或必须有，可以做谓语：

生命<u>需要</u>阳光、空气和水。（需求 ×）

我的汉语水平不高，<u>需要</u>老师的帮助。（需求 ×）

既然是公司<u>需要</u>我，那就留下来再工作一段时间吧。（需求 ×）

2. "需求"可以跟"高、低、上升、下降、增长、减少"等搭配；"需要"没有这样的用法：

随着石油<u>需求</u>的增加，石油价格迅速上升。（需要 ×）

人们对商品的<u>需求</u>越来越高。（需要 ×）

由于这种产品市场<u>需求</u>下降，公司决定停止生产。（需要 ×）

3. "需求"还可以做定语，组成"需求量、需求信息、需求物资、需求结构、需求清单、需求状况"等短语；"需要"没有这样的用法：

这个城市的饮水日<u>需求</u>量达到了2万吨。（需要 ×）

请列出你们的<u>需求</u>清单，我们想办法满足你们。（需要 ×）

这两年来，房地产市场的<u>需求</u>结构发生了一些新变化。（需要 ×）

# Y

压抑 yāyì（动 constrain, inhibit）；（形 depressive）

抑制 yìzhì（动 restrain, control）

## 【相同】

都是动词，都可以表示限制，使不能发挥、发展；也可以表示控制自己的心情、情绪等，使不超出一定的范围：

教师不能够<u>压抑</u>学生个性的发展。（抑制 √）

长期压抑自己内心的情感不利于身体健康。（抑制 √）
他心里非常生气，但还是努力抑制住心中的怒火。（压抑 √）

【不同】

1. "压抑"可以用作形容词，形容心情、情感因不能宣泄而感到烦闷、不舒服，也可以形容气氛、环境让人感觉心情不畅快；可以受程度副词"很、非常"等修饰。"抑制"没有这样的用法：

他最近工作不顺心，感情生活也不如意，心情很压抑。（抑制 ×）
不知为什么，近几天来，她感到非常压抑。（抑制 ×）
这种屋顶结构容易使人产生一种压抑的感觉。（抑制 ×）
这周围的环境让人觉得沉重、压抑，令人窒息！（抑制 ×）

2. "抑制"可以表示某种物质、药物等对生物体的形状、生长、发展起到限制作用；"压抑"没有这样的用法：

饮酒过多可能会抑制人的食欲。（压抑 ×）
长期服用这种药物可能会抑制孩子的生长发育。（压抑 ×）
这种新药对于抑制流感病毒具有很好的功效。（压抑 ×）

3. "抑制"的对象还可以是"物价、房价、价格、通货膨胀"等；"压抑"则不能跟这些词语搭配：

政府采取了多种措施抑制物价的上涨。（压抑 ×）
近期，房价上涨的趋势得到了有效抑制。（压抑 ×）

---

严厉 yánlì（形 stern, severe）
严肃 yánsù（形 solemn, serious）；（动 enforce）

---

【相同】

都可以用作形容词，形容人的神情、态度，人或组织的行为；都可以做谓语、定语，可以受"不、很、太、非常"等副词修饰；都可以做状语，修饰"批评、批判、查处、处罚"等动词。有时可以互换，

但意思有一些不同,"严肃"指不说笑;"严厉"不仅指不说笑,而且强调厉害,语义程度比"严肃"高:

校长太<u>严厉</u>了,没人敢跟他随便讲话。(严肃 √)

妈妈<u>严厉</u>的表情让我害怕。(严肃 √)

老师<u>严厉</u>批评了小明的错误。(严肃 √)

老师今天特别<u>严肃</u>。(严厉 √)

看到他<u>严肃</u>的样子,大家都不敢说话了。(严厉 √)

政府<u>严肃</u>查处了这种违法行为。(严厉 √)

【不同】

1. "严肃"还可以形容"气氛、事情、作风、场合、问题"等;"严厉"不能这样用:

会场的气氛既<u>严肃</u>又庄重。(严厉 ×)

在<u>严肃</u>的场合不能大声说笑。(严厉 ×)

这是一件<u>严肃</u>的事,我们必须认真考虑。(严厉 ×)

面对<u>严肃</u>的问题我们不能随便。(严厉 ×)

2. 做状语时,"严厉"还常修饰"指责、谴责、打击、制裁"等;"严肃"还常修饰"处理、对待"等:

中国政府<u>严厉</u>谴责恐怖主义。(严肃 ×)

必须<u>严厉</u>打击假冒伪劣产品。(严肃 ×)

这是一个很重要的问题,我们一定要严肃对待。(严厉 ×)

3. "严肃"还有动词用法,指使纪律、法律执行等严格:

为了<u>严肃</u>纪律,学校对违反规定的学生作出了处理。(严厉 ×)

我们必须<u>严肃</u>法纪,严查违规违法行为。(严厉 ×)

> 一辈子 yíbèizi（名 all one's life, lifetime）
> 终身 zhōngshēn（名 lifelong, all one's life）

**【相同】**

都是名词，都指一个人从生到死的时间。有时可以互换，"一辈子"口语色彩较浓，一般不用于书面语色彩较浓的句子中；"终身"书面语色彩较浓：

他<u>终身</u>无所作为，被人看不起。（一辈子 √）

看书、画画是他<u>终身</u>的爱好。（一辈子 √）

我希望快乐能陪伴你<u>终身</u>。（一辈子 √）

你对我说的话，我<u>一辈子</u>都不会忘记。（终身 √）

他已经在这里奋斗了<u>一辈子</u>。（终身 √）

**【不同】**

1. "一辈子"强调人从生到死的活动过程，可以说"这一辈子"。"一辈子"常与单音节动词搭配使用。当句子明显表示人所经历的过程时，一般用"一辈子"：

你这样活<u>一辈子</u>，又有什么意义？（终身 ×）

我可以说自己这<u>一辈子</u>过得非常充实，非常有意义。（终身 ×）

老太太<u>一辈子</u>没有坐过飞机。（终身 ×）

2. "终身"强调一种情况或状态一直到死都是这样。当句子明显表示一种情况或状态到死都无法改变时，一般用"终身"：

高血压患者一般需要<u>终身</u>吃药。（一辈子 ×）

<u>终身</u>学习已成为时代的要求。（一辈子 ×）

导师的言传身教，我将<u>终身</u>受益。（一辈子 ×）

3. "终身"做定语时，后面可以不用"的"，多修饰事业、婚姻、职业等，这时不能跟"一辈子"互换；"一辈子"做定语时，后面一定要有"的"，修饰"朋友、习惯、希望"等时，一般用"一辈子"：

<u>终身</u>事业　<u>终身</u>职业　<u>终身</u>大事　<u>终身</u>教授　<u>终身</u>职务　<u>终身</u>大计　<u>终身</u>伴侣　<u>终身</u>制（一辈子 ×）

中国人把结婚称为"<u>终身</u>大事"。（一辈子 ×）

她既是我的朋友，又是我的<u>终身</u>伴侣。（一辈子 ×）

听说我们学校要聘请他当<u>终身</u>教授。（一辈子 ×）

我进大学后不久，便决定以教学为<u>终身</u>事业。（一辈子 ×）

没能在父亲临终前见他一面，是我终身的遗憾。（一辈子 √）

他<u>一辈子</u>的幸福就这样给毁了。（终身 √）

4. 做状语时，"一辈子"可以和单音节动词搭配；"终身"很少跟单音节动词搭配。"一辈子"还经常做补语；"终身"只在"奋斗、厮守、受益"等少数几个动词后做补语：

他<u>一辈子</u>没做过一件坏事。（终身 ×）

小王决定<u>一辈子</u>当老师。（终身 ×）

父亲为这个家操劳了<u>一辈子</u>。（终身 ×）

我在这个小区住了<u>一辈子</u>了。（终身 ×）

学好一门外语会让你受益<u>终身</u>。（一辈子 √）

5. "终身"还可以用于没有生命的事物，如"产品、服务"等，还可以指婚姻；"一辈子"没有这样的用法：

我们的产品<u>终身</u>包修。（一辈子 ×）

被告人被剥夺政治权利<u>终身</u>。（一辈子 ×）

我为母亲办理了<u>终身</u>保险。（一辈子 ×）

这个大学采用教授<u>终身</u>聘用制。（一辈子 ×）

凡是办了会员卡的用户，可以享受<u>终身</u>免费服务。（一辈子 ×）

小说中的男女主人公已经私订了<u>终身</u>。（一辈子 ×）

一再 yízài（副 time and again, again and again, repeatedly）
再三 zàisān（副 again and again）

**【相同】**

都是副词，都表示一次又一次地重复同一个动作，都可以做状语，在修饰能由动作发出者主观决定、自由支配的动作行为，如"要求、表示、拒绝、声明、强调、挽留、叮嘱"等时，经常可以互换：

他一再表示自己跟这件事无关。（再三 √）

尽管她一再拒绝我的邀请，但我还是不想放弃。（再三 √）

出门前，妈妈再三叮嘱我路上小心。（一再 √）

老师再三强调这次考试的重要性。（一再 √）

**【不同】**

1. "一再"还可以修饰动作行为发出者不能自由支配的动作行为，如"赢得、上当、被骗、失败、爆发、感染、生病"等；"再三"不能修饰这类动词：

一再被骗　一再上当　一再犯错　一再感染　一再失败（再三 ×）
一再发现　一再失去　一再发生　一再生病　一再爆发（再三 ×）

这个人不诚实，你不要一再上当受骗了。（再三 ×）

这类事故一再发生，公司经理负有不可推卸的责任。（再三 ×）

我们的实验一再失败，到底是什么原因呢？（再三 ×）

2. "再三"多用在积极或中性动词的前面；"一再"不受此限制：

一再讽刺　一再嘲笑　一再谩骂　一再挖苦　一再批评　一再破坏　一再违反（再三 ×）

王小平一再违反纪律，所以受到了学校处分。（再三 ×）

她一再讽刺挖苦我，实在太过分了！（再三 ×）

李老师一再批评我，要我改掉迟到的坏习惯。（再三 ×）

3. "再三"可以做补语，用在"思考、考虑、犹豫"等动词后面，

后面还可以带"一下";"一再"没有这样的用法:

我思考<u>再三</u>,还是觉得自己的想法没有错。(一再 ×)
王先生犹豫<u>再三</u>,最后决定买下这套房子。(一再 ×)
她考虑<u>再三</u>,还是没有答应。(一再 ×)
这个问题,我还要<u>再三</u>强调一下。(一再 ×)

4. "再三"既可用于过去时,也可用于将来时;"一再"一般多用于过去时,若用于将来时,该行为需要以前已经发生过:

提交报告前,我一定要<u>再三</u>检查,确定没有错误。(一再 ×)
这件事非同小可,你要<u>再三</u>考虑清楚。(一再 ×)
她现在不肯承认,以后还会<u>再三</u>否认的。(一再 √)

---

依靠 yīkào(动 to rely on, depend on);(名 reliance, dependency, support)
依赖 yīlài(动 rely on, depend on)

---

【相同】

都可以做动词,表示凭借别人或别的事物。有时可以互换:

这种产品完全<u>依靠</u>进口是不行的。(依赖 √)
你自己要努力,不要只<u>依赖</u>别人。(依靠 √)

【不同】

1. "依靠"是中性词,可以表示靠别人和客观条件来达到目的,也可以表示靠自己的努力达到目的;"依赖"有时带有贬义,表示只靠别人,自己不能独立存在或发展:

社会的发展,要<u>依靠</u>群众。(依赖 ×)
80%的市民<u>依靠</u>银行贷款买房。(依赖 ×)
过分<u>依赖</u>父母对孩子的成长没好处。(依靠 ×)
有些药品长期服用会产生药物<u>依赖</u>。(依靠 ×)

2. "依赖"还可以指两个事物之间关系密切,离开对方不能独立存在或发展；"依靠"没有这样的用法。可以说"依赖性"，不能说"依靠性"：

工业生产和农业生产相互依赖，共同发展。（依靠 ×）

生物之间既互相依赖，又互相制约。（依靠 ×）

你的依赖性太强了，要学会独立。（依靠 ×）

3. "依靠"还做名词，表示可以依靠的人或东西：

结婚了，她觉得自己的心有了依靠。（依赖 ×）

他父亲去世后，家里失去了依靠。（依赖 ×）

---

以前 yǐqián（名 before, ago）

以往 yǐwǎng（名 before, in the past）

---

【相同】

都是名词，都指比现在早的时间，可以单用或做定语。有时可以互换，"以往"多用于书面语，"以前"用于口语和书面语：

以往，她有什么烦恼都会来找我，但现在她变了。（以前 √）

以往的事咱们就不要再追究了。（以前 √）

这个城市以前很美，也很安静。（以往 √）

我们不要想以前那些不愉快的事情了。（以往 √）

【不同】

1. "以前"可以用在别的词语后边，跟别的词语一起组成表示时间的短语；"以往"没有这样的用法：

上课以前，他来教室找过你。（以往 ×）

出发以前，别忘了检查一下所有的行李。（以往 ×）

很久以前，我们在北京见过一次面。（以往 ×）

不久以前，他找到了一份工作。（以往 ×）

2. "以往"只能表示过去的时间；"以前"还能表示将来的时间：

天黑以前，你一定要回家。（以往 ×）
今晚十点以前，我不在家，你别来找我。（以往 ×）

---

引导 yǐndǎo（动 guide, conduct, lead）
指导 zhǐdǎo（动 guide, direct）；（名 instructor, adviser）

---

【相同】

都可以做动词，表示在方法上、思想上告诉别人应该怎样；都可以做谓语、主语、宾语、定语。有时可以互换：

多谢您的正确引导。（指导 √）
在老师的引导下，我找到了解决问题的方法。（指导 √）
村干部指导村民们积极发展生产。（引导 √）
教师应该对学生的阅读习惯进行指导。（引导 √）

【不同】

1. "引导"强调指引一个方向，使某人或事情向一个方向发展；"指导"是指示教导做某一具体的事情。当语义重点很明确时，不能互换：

这款手机引导了手机的新潮流。（指导 ×）
政府出台的政策有利于引导经济健康发展。（指导 ×）
那个心理医生非常善于引导病人说出心里话。（指导 ×）
李老师正在指导学生做实验。（引导 ×）
该本手册指导用户正确使用电脑。（引导 ×）
本书为准备汉语水平考试的留学生提供指导。（引导 ×）

2. "指导"还常做定语；"引导"较少做定语，仅限于修饰"作用、方法、方式、者、图"等：

指导老师　指导手册　指导思想　指导方针（引导 ×）
引导作用　引导方式　引导方法　引导者（指导 √）
引导图（指导 ×）

她是我毕业论文的指导老师。(引导 ×)
这篇论文的指导思想是什么?(引导 ×)
专家组为治疗这类患者制定了指导手册。(引导 ×)

3. "引导"还可以表示在前面走,让其他人跟随着走或看,或用图片、标志告诉人们应该怎么走;"指导"没有这样的用法:

经理让我引导客人参观工作。(指导 ×)
要不是有你在前面引导,我们都不知道怎么走出去。(指导 ×)
这里有一张流程引导图,你照着上面做就行。(指导 ×)

4. "指导"还指负责训练、指挥的人,前面还可以出现姓名;"引导"没有这样的用法:

他是我们球队的技术指导。(引导 ×)
李连杰将担任本片的武术指导。(引导 ×)
王指导,您觉得这场比赛队员们的表现怎么样?(引导 ×)

---

优良 yōuliáng(形 fine, good)
优秀 yōuxiù(形 excellent)
优异 yōuyì(形 outstanding)

---

【相同】

都是形容词,都表示成绩、表现等方面好,都可以做定语、谓语。有时可以互换,但语义程度不同:

这台笔记本电脑不仅具有优异的性能,其外观也十分好看。(定语。优良 √ 优秀 √)
她学习成绩优良,能说一口流利的汉语。(谓语。优秀 √ 优异 √)
阿里这学期表现优秀,得到了老师的称赞。(优良 √ 优异 √)
这个公司的产品不仅价格低,而且性能优异。(优良 √ 优秀 √)

【不同】

1."优良"指一般的好;"优秀"指很好,程度较高;"优异"指非常好,程度最高:

他成绩优异,各门功课都是第一名。(优良 ×　优秀 √)

这次竞赛,他获得了全校第一的优秀成绩。(优良 ×　优异 √)

这次考试,大家都考得很好。有十名同学成绩优良,五名同学成绩优秀,而朱刚同学以满分的优异成绩获得了第一名。

2."优秀"可以直接形容人;"优良"和"优异"不能这样用:

那个青年教师非常优秀。(优良 ×　优异 ×)

他是一名优秀的运动员,多次在国际比赛中夺得金牌。(优良 ×　优异 ×)

3.形容事物时,三个词搭配有所不同:

优良品种　优良做工　优良质地(优秀 ×　优异 ×)

优秀品质　优秀品德　优秀传统　优秀作风　优秀基因 (优良 √　优异 ×)

优秀作品　优秀论文　优秀文化　优秀集体 (优良 ×　优异 ×)

优异贡献 (优良 ×　优秀 ×)

这条裙子样式新颖,做工优良,价格贵一些也合理。(优秀 ×　优异 ×)

这些优秀传统值得一代代传承下去。(优良 √　优异 ×)

小王的毕业论文被评为学校优秀毕业论文。(优良 ×　优异 ×)

4."优良"较少受程度副词修饰,偶尔可受"非常、十分、很"修饰;"优秀"可以受程度副词"太、很、非常、十分、如此、挺、比较"等修饰;"优异"一般只受表高程度的副词"太、十分、非常、很、如此"修饰:

他成绩十分优秀,老师和同学们都很喜欢他。(优良 ×　优异 √)

小王在学校各方面表现挺优秀的。(优良 ×　优异 ×)

这款新型电脑的性能十分优秀。(优良 √　优异 √)

# Z

灾害 zāihài（名 disaster, calamity）
灾难 zāinàn（名 disaster, calamity）

【相同】

都是名词，都表示自然或者人为所造成的巨大损失和危害，但强调重点不同。语义不太明确时，偶尔可以互换：

这里经常发生灾害，人民生活十分困苦。（灾难 √）
灾难面前，人是多么渺小啊。（灾害 √）

【不同】

1. "灾害"语义较轻，强调事件本身及其损害，可以带表示"灾害"原因或性质的定语，常说"自然灾害"；"灾难"语义较重，主要指天灾人祸给人们带来的严重损害和痛苦，常和"深重"搭配：

自然灾害 洪涝灾害 地质灾害 病虫灾害 次生灾害（灾难 ×）
这些防治措施已使我县的洪涝灾害明显减少。（灾难 ×）
台风快来了，为了避免不必要的灾害，大家应该尽快做好准备。（灾难 ×）
地震是一种自然灾害。（灾难 ×）
这次大地震给人们带来的灾难是难以忘记的。（灾害 ×）
这不是个人的灾难，而是国家的灾难。（灾害 ×）
战争给人民带来了深重的灾难。（灾害 ×）

2. "灾难"可以构成一些固定结构，如"多灾多难、灾难性"；"灾害"没有这样的用法：

灾害　灾难；赞美　赞扬

过去的一年真的是<u>多灾多难</u>，好在我们都挺过来了。(灾害 ×)
这种药物会给运动员带来<u>灾难</u>性的后果。(灾害 ×)
这场战争给这个国家带来了<u>灾难</u>性后果。(灾害 ×)

---

赞美 zànměi（动 praise）
赞扬 zànyáng（动 praise, commend）

---

【相同】
　　都是动词，都表示称赞、夸奖人或事物。主语既可以是人，也可以是文章、诗歌等，当称赞的对象是具体的人、精神、品德等时，有时可以互换：
　　我们极力<u>赞美</u>他高尚的品质、勇敢的精神。(赞扬 √)
　　他曾写诗<u>赞美</u>雷锋舍己为人的精神。(赞扬 √)
　　他能够接受人们的<u>赞扬</u>，也受得了人们的批评。(赞美 √)
　　这首诗歌是在<u>赞美</u>人们团结合作的精神。(赞扬 √)

【不同】
　　1. "赞美"侧重于称赞事物的美好，对象除了可以是具体的人和人的精神、品德、容貌等外，也可以是祖国、家乡、春天、山、河、花草等：
　　她写了许多<u>赞美</u>祖国的诗歌。(赞扬 ×)
　　我们<u>赞美</u>春天，因为春天给人们带来希望。(赞扬 ×)
　　我<u>赞美</u>长江，她是中华民族的母亲河。(赞扬 ×)
　　这首诗<u>赞美</u>了梅花的高雅、纯洁、顽强。(赞扬 ×)
　　2. "赞扬"侧重于表扬，把好的评价说出来、传出去，对象一般是具体的人或团体的行为、精神、成就等，可以说"高度赞扬、提出赞扬"：
　　安娜学习认真，成绩优秀，得到了老师的<u>赞扬</u>。(赞美 ×)

服务员认真的工作态度受到了客人的赞扬。（赞美 ×）
他高度赞扬了中国改革开放所取得的成绩。（赞美 ×）
文章高度赞扬了中国改革开放以来取得的伟大成就。（赞美 ×）

3. "赞扬"的宾语可以是小句；"赞美"的宾语不能是小句。"赞美"可以构成"赞美诗、赞美歌"；"赞扬"一般不这样用：

老师赞扬李华是个勤奋的好学生。（赞美 ×）
总统先生赞扬中国人民为世界和平作出了巨大的贡献。（赞美 ×）
他把这首赞美诗翻译成了汉语。（赞扬 ×）

---

展示 zhǎnshì（动 model, reveal, show）
展现 zhǎnxiàn（动 demonstrate, show）

---

【相同】

都是动词，都表示呈现，给他人看的意思，对象是"才能、能力、技巧、历史、风采"等时，可以互换：

这次活动充分展示了他的才能。（展现 √）
飞天奖从一个侧面展示出中国电视剧的发展历史。（展现 √）
这幅作品很好地展现了画家高超的绘画技巧。（展示 √）

【不同】

1. "展示"的对象可以是书法、绘画、产品、工具等；"展现"不能这样用。"展现"的对象可以是精神风貌、魅力、勇气、品格、前途、前景等；"展示"则很少跟这些词搭配：

请把你的绘画作品展示给大家看。（展现 ×）
三星公司在广交会上展示了最新的手机产品。（展现 ×）
王老师给我们展示了他刚创作的一幅书法作品。（展现 ×）
同学们展现出一种积极向上的精神风貌。（展示 ×）
教练要求队员们在比赛中展现出不惧强敌的勇气。（展示 ×）

基因技术已在医药、农业、工业等领域<u>展现</u>出良好的应用前景。(展示 ×)

2."展示"可以做定语,构成"展示会、展示品、展示柜"等词语;可以受一些词语的修饰构成固定搭配;还可以重叠,后面可以跟"一下"。"展现"没有这样的用法:

<u>展示</u>会 <u>展示</u>品 <u>展示</u>柜 <u>展示</u>板 <u>展示</u>台(展现 ×)

现场<u>展示</u> 平面<u>展示</u> 室内<u>展示</u> 新品<u>展示</u> 立体<u>展示</u> 成果<u>展示</u>(展现 ×)

汽车<u>展示</u>会下周三即将开幕。(展现 ×)

这是<u>展示</u>品,不能出售。(展现 ×)

你有什么文艺特长,现在给大家<u>展示展示</u>。(展现 ×)

今晚我给大家<u>展示</u>一下我的厨艺。(展现 ×)

3."展现"还有出现的意思;"展示"没有这样的用法:

走进大门,<u>展现</u>在眼前的是一个大厅。(展示 ×)

一下车,<u>展现</u>在我们面前的是一片绿油油的田野。(展示 ×)

---

镇定 zhèndìng(形 calm);(动 calm)
镇静 zhènjìng(形 calm)

---

【相同】

都是形容词,都表示人遇到事情时情绪稳定、不急躁、不慌乱;都可以做谓语、定语、状语等,有时可以互换:

你别慌张,先<u>镇静</u>下来。(谓语。镇定 √)

医生给他开了一点儿<u>镇静</u>剂。(定语。镇定 √)

他<u>镇定</u>地走上讲台发表演讲。(状语。镇静 √)

【不同】

1."镇定"强调外在表现自然,行为不慌乱,看不出紧张;"镇静"

强调情绪稳定，心情不激动，语义明确时不能替换：

他虽然心里非常紧张，但看起来十分镇定。(镇静 ×)

小红虽然是第一次上台演讲，但表现得很镇定。(镇静 ×)

他太激动了，根本镇静不下来。(镇定 ×)

听到这个消息后，阿里情绪非常激动，过了好久才镇静下来。(镇定 ×)

2."镇定"还可以形容"声音、语气"等，可以说"镇定自若"；还可以用作动词；"镇静"不能这样用：

他声音镇定地说："没关系，我们重来一次。"(镇静 ×)

他说话的语气十分镇定，给人一种自信的感觉。(镇静 ×)

小张镇定自若地说："没什么可紧张的。"(镇静 ×)

小李深吸了一口气，努力镇定自己。(镇静 ×)

他的话语有一股镇定人心的力量。(镇静 ×)

---

证明 zhèngmíng（动 prove, testify）;（名 certificate, identification）

证实 zhèngshí（动 confirm, verify）

---

【相同】

都可以做动词，表示说明人或事物的情况。有时可以互换：

目前没有任何材料可以证明你的身份。(证实 √)

医生经过对病人两个多月的观察，证明这种药物有效。(证实 √)

实验证实这种理论是错误的。(证明 √)

科学研究证实：头发的颜色同头发里所含的金属元素有关。(证明 √)

【不同】

1."证明"强调用具体、可靠的材料或事实来说明情况或得出一个结论；"证实"强调通过实践、调查，说明原来的看法、以前的结论等是真的、对的。语义明确时不能互换：

叶子都黄了，证明水不够。（证实 ×）
那么久没给你打电话，证明他已经把你忘了。（证实 ×）
我认识她，我可以证明她是从家里跑出来的。（证实 ×）
人们猜想她是从家里逃出来的，不久猜想就被证实了。（证明 ×）
实验的结果证实了我们的推断。（证明 ×）
人们发现他的预测几乎都得到了证实。（证明 ×）

2. "证明"有名词的用法，指用来说明某人或某事物真实性的文字材料，可以说"一份/张/个证明"；可以做定语，构成"证明书、证明信、证明人、证明材料"等；还可以说"作/开/出/出具/提供证明"。"证实"没有这样的用法：

我愿为他提供必要的证明。（证实 ×）
没有单位的证明，是不能随便进出这栋大楼的。（证实 ×）
他是我的证明人。（证实 ×）
报名的时候需要带哪些证明材料？（证实 ×）
他昨天的确来找过你，我可以给他作证明。（证实 ×）

智慧 zhìhuì（名 wisdom）
智力 zhìlì（名 intelligence）

【相同】

都是名词，都指人认识理解事物并运用知识解决问题的能力。但意思和用法都有不同，一般不能互换。

【不同】

1. "智力"指的是一般意义上的能力，是人一生下来就有的，有高低之分，一般用"高、低、好、差、正常、超常、低下"等形容；"智慧"主要指分析判断、面对和解决生活中的难题的能力，不受上述形容词的修饰：

智力水平的高低用智商（IQ）表示。（智慧 ×）
他的智力很好，这些问题对他来说根本不算难题。（智慧 ×）
我们学校每年举行一次智力竞赛。（智慧 ×）
人类依靠自己的智慧了解大自然，改造大自然。（智力 ×）
经营一段美好的婚姻是需要智慧的。（智力 ×）
她是一个很有智慧的女人。（智力 ×）
他的眼睛闪着智慧的光芒。（智力 ×）

2. "智力"一般是就个人而言的；"智慧"可以是个人的，也可以是集体的、人类的，还可以是书本、文章里的：

集体的智慧是取之不尽的。（智力 ×）
依靠人民的智慧和力量，我们克服了一次又一次的灾难。（智力 ×）
这些谚语里充满了智慧。（智力 ×）
这本书里的很多观点都充满了智慧。（智力 ×）

3. "智力"常跟"开发、提高、发展"等动词搭配，常做"水平、因素、测试、游戏"等的定语；"智慧"常跟"有、充满、依靠、需要、增长"等动词搭配，很少单独做定语：

充足的营养与幼儿智力的发展有密切的联系。（智慧 ×）
这种玩具可以开发孩子们的智力。（智慧 ×）
今天我们来做个智力测验。（智慧 ×）
他是我们当中最有智慧的人。（智力 ×）
我喜欢阅读这些充满智慧的散文。（智力 ×）

---

忠诚 zhōngchéng（形 loyal, faithful）；（动 be loyal to）
忠实 zhōngshí（形 true, reliable）；（动 be true to）

---

【相同】

都可以用作形容词，形容对人或事物的忠心和诚恳。有时可以互换：

李平既是我生活中最<u>忠诚</u>的朋友，又是我事业上的得力助手。（忠实 √）

我们一家人都是这个节目<u>忠实</u>的观众。（忠诚 √）

他为人<u>忠实</u>可靠，就是不爱多说话。（忠诚 √）

【不同】

1. "忠诚"常常用来形容对国家、人民、事业、企业、婚姻、领导、爱人、伴侣等尽心尽力，多用于"主语+（对……）+很/十分/非常+忠诚"的结构中；"忠实"很少这样用：

他对祖国无限<u>忠诚</u>。（忠实 ×）

小李对自己的妻子十分<u>忠诚</u>。（忠实 ×）

小李对事业的<u>忠诚</u>令人感动。（忠实 ×）

2. "忠诚"是褒义词，一般都用于好的方面；"忠实"是中性词，既可以用于好的方面，也可以用于坏的方面：

张大力是老板的<u>忠实</u>助手，为老板做了不少事。（忠诚 ×）

他是敌人的<u>忠实</u>走狗，不会有好结果！（忠诚 ×）

3. "忠诚"可以做主语；"忠实"不能这样用。"忠诚"做定语时，一般要带"的"；"忠实"则不一定要带"的"：

在一段婚姻关系里，<u>忠诚</u>是必须的。（忠实 ×）

他是我<u>忠诚</u>的朋友，绝不会骗我！（忠实 √）

我们全家都是李健的<u>忠实</u>粉丝。（忠诚 ×）

我是好莱坞电影的<u>忠实</u>观众。（忠诚 ×）

4. "忠诚"做动词时，表示尽心尽力去做，多用于人、事业、婚姻等；"忠实"做动词时，表示保持原样，多用于翻译或者文艺创作：

作为一名教师，她时刻提醒自己要<u>忠诚</u>于教育事业。（忠实 ×）

她始终<u>忠诚</u>于自己的爱人。（忠实 ×）

外国作品的翻译首先要<u>忠实</u>于原文。（忠诚 ×）

小说既要<u>忠实</u>于生活，又要比现实生活更深刻。（忠诚 ×）

> 周到 zhōudào（形 considerate, thoughtful）
> 周密 zhōumì（形 careful）

【相同】

都是形容词，都表示各方面都考虑到的意思，都可以受"不、很、非常"等词语的修饰，都可以做谓语、定语、补语。在用于"计划、考虑、安排"等时，有时可以替换：

你考虑问题要更加周密一些。（谓语。周到 √）

有这么周到的行程安排，你还有什么可担心的呢？（定语。周密 √）

他的这个计划考虑得很周到。（补语。周密 √）

【不同】

1."周到"表示各方面都照顾到，很细致，没有遗漏，常用于"服务、照顾、接待、招待、办事、礼貌、礼节"等方面：

这个酒店服务非常周到。（周密 ×）

这几天我招待得不够周到，还请见谅。（周密 ×）

这家商店以物美价廉的商品和细心周到的服务赢得了顾客。（周密 ×）

2."周密"除了有周到的意思外，还强调考虑细密，比"周到"语义程度更深，多形容"计划、方案、设计、策划、论证、部署、勘察、调查、计算"等：

将军做了周密的部署。（周到 ×）

经过周密的调查，我终于弄清了事实的真相。（周到 ×）

这次抢险方案制定得十分周密。（周到 ×）

> 专程 zhuānchéng（副 specially）
> 专门 zhuānmén（形 special, specialised）

**【相同】**

都可以表示特地、特意去某地做某事,"专程"一般可以用"专门"替换：

他专程从上海赶到广州来给女朋友过生日。（专门 √）

这次回国，她专程来看望老师。（专门 √）

他专门坐车去买母亲爱吃的小笼包。（专程 √）

**【不同】**

1. "专程"指专为某事而到某地；"专门"表示特意为了某人或某个目的去做某件事情，不一定要去到某个地方，使用范围比"专程"广：

我讲完以后会专门留出时间让大家提问。（专程 ×）

这些菜是我专门为你做的，尝尝吧！（专程 ×）

我专门为你做了这条裙子，你试试看。（专程 ×）

2. "专门"可以表示只从事某一项或以某项事为专业，此时可做状语或定语；"专程"没有这样的用法：

玛丽是专门研究中国民间文学的。（专程 ×）

这个问题你应该去请教李教授，他是专门研究语法的。（专程 ×）

学校成立了专门机构来负责国际交流事务。（专程 ×）

她是音乐方面的专门人才。（专程 ×）

3. "专门"还表示动作、行为仅限于某个范围；"专程"没有这样的用法：

这次会议专门讨论人才培养问题，其他问题以后再说。（专程 ×）

这次文化节我专门负责接待外国来宾。（专程 ×）

> 庄严 zhuāngyán（形 solemn）
> 庄重 zhuāngzhòng（形 solemn）

【相同】

都是形容词，都表示严肃，不随便。当形容气氛、场合、神情、态度、建筑风格等时可以替换，但"庄严"的语义程度比"庄重"高：

会场上的气氛十分庄重。（庄严 √）

这里所有的建筑都由青灰色的大砖石修成，显得十分庄重。（庄严 √）

在这种庄严的场合下，你应该保持安静。（庄重 √）

在场的观众个个神情庄严，会场一片肃静。（庄重 √）

【不同】

1. "庄重"可以形容人的言行、举止、打扮等端庄稳重，不轻浮；"庄严"一般不能这样用：

哥哥穿上中山装后显得很庄重大方。（庄严 ×）

在长辈面前，你应该尽量表现得庄重一些。（庄严 ×）

她是一位成熟庄重的职业女性。（庄严 ×）

2. "庄严"和"庄重"都可以做状语修饰"说"类动词，但"庄严"常修饰"宣告、宣誓、宣布、承诺"等动词，"庄重"修饰"说、告诉、回答、承诺"等动词：

他站在国旗下庄严宣誓。（庄重 ×）

1949年10月1日毛泽东向全世界庄严宣告："中华人民共和国成立了！"（庄重 ×）

他庄重地回答："我一定努力完成任务！"（庄严 ×）

这是中国政府作出的庄严承诺。（庄重 √）

3. "庄严"还可以形容"升旗仪式、阅兵式、国歌、国徽、国旗"等事物；"庄重"一般不能这样用：

主席台中央挂着庄严的国徽。（庄重 ×）
国旗在庄严的国歌声中冉冉升起。（庄重 ×）
每个周一早晨，学校都会举行庄严的升旗仪式。（庄重 ×）

姿势 zīshì（名 posture, gesture）
姿态 zītài（名 posture, attitude）

【相同】
都是名词，都可以指身体表现出来的样子。有时可以互换：
她走路的姿势很像她的妈妈。（姿态 √）
小张站的姿势有点儿不自然。（姿态 √）
我用摄像机拍下了舞蹈家在舞台上优美的姿态。（姿势 √）

【不同】
1."姿势"主要指人的各种动作和身体的形态；"姿态"主要指能表现出气质风度的身体形态和情态，常用"优美、从容、镇定、美好"等形容：
用这种姿势游泳速度最快。（姿态 ×）
你拿笔的姿势不对，应当这样拿！（姿态 ×）
她在讲台上那种从容的姿态令人羡慕。（姿势 ×）
她做出一副镇定的姿态坐在人们面前。（姿势 ×）
2."姿态"还可以指人的身份或态度；"姿势"没有这样的用法：
别以胜利者的姿态和大家说话，这会让人觉得不舒服的。（姿势 ×）
他总是以一个领导者的姿态出现在众人面前。（姿势 ×）
对于双方的争论，她始终保持一种中立的姿态。（姿势 ×）
3."姿态"还可以形容植物的形状；"姿势"不能这样用：
牡丹花色彩鲜艳，姿态动人。（姿势 ×）
我家门前的竹子笔直挺拔，姿态优美。（姿势 ×）

阻碍 zǔ'ài（动 block）；（名 obstruction）
阻挠 zǔnáo（动 obstruct, stand in the way）
阻止 zǔzhǐ（动 prevent）

【相同】

都可以用作动词，都表示故意使事情不能顺利进行。但意思和用法都有不同，只在少数情况下能互换：

他千方百计阻碍我们进行调查。（阻挠 √　阻止 √）

该公司纠集了十余人站在门口，阻挠工人施工。（阻碍 √　阻止 √）

他们俩的正常交往，你是阻止不了的。（阻碍 √　阻挠 √）

【不同】

1. "阻碍"和"阻挠"都含贬义，对象多是合理、正常的事物。"阻碍"主要表示挡住，使难于通过，或使事情不能发展，多用于道路交通，也用于事物的发展、进步等；"阻挠"主要表示暗中破坏，进行干扰，使事情发展不顺利或不能成功：

你的车停在路中间会阻碍交通的。（阻挠 ×　阻止 ×）

对环境的破坏最终会阻碍社会的发展。（阻挠 ×　阻止 ×）

要不是父母阻挠，他俩早就结婚了。（阻碍 ×　阻止 √　）

2. "阻止"表示使停止行动，不能前进；"阻止"是中性词，其对象可以是合理的、正常的事，也可以是不合理、不正常的事，"阻碍"和"阻挠"的对象一般是合理、正常的事：

任何力量都阻止不了我们前进的脚步。（阻碍 √　阻挠 ×）

小明又乱扔废纸了，你快阻止他！（阻碍 ×　阻挠 ×）

你们必须迅速阻止这种虐待动物的行为。（阻碍 ×　阻挠 ×）

弟弟打人，你怎么不阻止他呢？（阻碍 ×　阻挠 ×）

3. "阻碍"还有名词的用法，指起阻碍作用的事物；"阻挠"和

"阻止"没有这样的用法:

  这座山成了南北交通的<u>阻碍</u>。(阻挠 ×　阻止 ×)
  我们一定要冲破各种<u>阻碍</u>,取得最后的胜利。(阻挠 ×　阻止 ×)
  你觉得目前我们公司发展最大的<u>阻碍</u>是什么?(阻挠 ×　阻止 ×)

# 词目音序索引

**B**

ba

巴不得 1

bai

拜访 3

bang

帮助 4

bao

宝贵 6

保持 7

保护 8

保卫 8

ben

本人 9

本身 11

本质 12

bi

避免 14

bian

便利 15

biao

表面 16

bie

别人 18

**C**

cai

财产 19

财富 19

cha

差距 20

chang

尝试 22

场合 23

场面 23

场所 23

chi

迟疑 24

chong

冲突 26

充分 27

充实 27

充足 27

cong
从来 29

## D
da
答复 30
打击 32
打扰 33
dang
当初 34
dao
倒闭 35
diao
调查 37
dong
动机 38
duan
短 39
短促 39
短暂 39
dun
顿时 40

## F
fa
发觉 42
发现 42

fan
繁华 43
繁忙 44
繁荣 43
fang
方便 15
防止 14、45
妨碍 46
访问 3
fen
吩咐 47
feng
丰富 48
丰盛 48
fu
腐败 49
腐朽 49
负担 50

## G
gai
改进 52
改良 52
改善 52
改正 53
gan
干扰 33

gao
| | |
|---|---|
| 高潮 | 54 |
| 高峰 | 54 |
| 告别 | 55 |
| 告辞 | 55 |

geng
| | |
|---|---|
| 更正 | 53 |

gong
| | |
|---|---|
| 公平 | 56 |
| 公正 | 56 |
| 攻击 | 32、57 |

gu
| | |
|---|---|
| 孤单 | 58 |
| 孤独 | 58 |
| 古怪 | 59 |

guan
| | |
|---|---|
| 关心 | 60 |
| 关照 | 60 |
| 管理 | 61 |

# H

han
| | |
|---|---|
| 含糊 | 62 |
| 含义 | 64 |

he
| | |
|---|---|
| 何况 | 65 |

hen
| | |
|---|---|
| 恨不得 | 1 |

huan
| | |
|---|---|
| 缓和 | 66 |
| 缓解 | 66 |

huang
| | |
|---|---|
| 慌忙 | 67 |
| 慌张 | 67 |

hui
| | |
|---|---|
| 回答 | 30 |
| 回顾 | 68 |
| 回忆 | 68 |

# J

ji
| | |
|---|---|
| 机会 | 70 |
| 激烈 | 71 |
| 急切 | 72 |
| 记录 | 73 |
| 记载 | 73 |
| 技能 | 75 |
| 技巧 | 75 |
| 技术 | 75 |

jian
| | |
|---|---|
| 坚定 | 77 |
| 坚固 | 78 |
| 坚决 | 77 |
| 坚强 | 80 |
| 简单 | 82 |
| 简单化 | 83 |

| | | | |
|---|---|---|---|
| 简化 | 83 | kuang | |
| 简陋 | 82 | 况且 | 65 |
| 建议 | 84 | | |
| jiao | | **L** | |
| 焦急 | 85 | lao | |
| jin | | 牢固 | 78 |
| 紧急 | 87 | li | |
| 紧密 | 88 | 理解 | 96 |
| 紧迫 | 87 | 立刻 | 40 |
| 谨慎 | 90 | liang | |
| 进攻 | 57 | 谅解 | 98 |
| jing | | ling | |
| 经常 | 91 | 领会 | 96 |
| ju | | lü | |
| 距离 | 20 | 履行 | 99 |
| **K** | | **M** | |
| kai | | mang | |
| 开展 | 92 | 忙碌 | 44 |
| kan | | mao | |
| 看望 | 3 | 矛盾 | 26 |
| kao | | meng | |
| 考察 | 37 | 猛烈 | 71 |
| 考虑 | 93 | mi | |
| kuan | | 密切 | 88 |
| 宽 | 95 | mie | |
| 宽敞 | 95 | 蔑视 | 100 |

| | |
|---|---|
| ming | |
| 明显 | 102 |
| 命令 | 103 |
| mo | |
| 模糊 | 62 |
| mu | |
| 目的 | 38 |
| 目光 | 105 |

**P**

| | |
|---|---|
| pei | |
| 培养 | 106 |
| 培育 | 106 |
| pi | |
| 疲惫 | 108 |
| 疲倦 | 108 |
| 疲劳 | 108 |
| pian | |
| 骗 | 109 |
| po | |
| 破产 | 35 |
| 破坏 | 111 |
| 迫切 | 72 |

**Q**

| | |
|---|---|
| qi | |
| 欺骗 | 109 |
| 奇怪 | 59 |
| 歧视 | 100 |
| 起初 | 34 |
| qia | |
| 恰当 | 112、113 |
| qian | |
| 前景 | 115 |
| 前途 | 115 |
| qiang | |
| 强烈 | 71 |
| qin | |
| 侵犯 | 116 |
| 侵略 | 116 |
| 亲身 | 117 |
| 亲自 | 117 |
| 勤劳 | 119 |
| qing | |
| 清除 | 120 |
| 清楚 | 121 |
| 清晰 | 121 |
| 轻视 | 100 |
| 情况 | 123 |
| 情形 | 123 |
| 晴 | 124 |
| 晴朗 | 124 |

**R**

| | |
|---|---|
| ren | |
| 人家 | 18 |

| | | | |
|---|---|---|---|
| 忍耐 | 126 | 死 | 135 |
| 忍受 | 126 | 死亡 | 135 |
| | | sun | |
| **S** | | 损坏 | 111 |
| sang | | | |
| 丧失 | 127 | **T** | |
| se | | tao | |
| 色彩 | 128 | 讨厌 | 138 |
| shan | | te | |
| 善于 | 130 | 特点 | 139 |
| 擅长 | 130 | 特色 | 139 |
| shen | | 特征 | 139 |
| 慎重 | 90 | ti | |
| shi | | 提议 | 84 |
| 失去 | 127 | tuo | |
| 时常 | 91 | 妥当 | 113 |
| 时机 | 70 | | |
| 实行 | 99 | **W** | |
| 实验 | 131 | wai | |
| 实质 | 12 | 外表 | 16 |
| 适合 | 112 | wan | |
| 事情 | 133 | 顽强 | 80 |
| 事务 | 133 | wei | |
| 试 | 22 | 违背 | 140 |
| 试验 | 131 | 违反 | 140 |
| si | | 维持 | 7 |
| 思考 | 134 | wen | |
| 思索 | 134 | 温和 | 142 |

| | | | |
|---|---|---|---|
| 温柔 | 142 | 信心 | 151 |
| 稳固 | 78 | xing | |
| wu | | 性质 | 12 |
| 误会 | 143 | xu | |
| 误解 | 143 | 需求 | 152 |
| | | 需要 | 152 |

**X**

xi

**Y**

| | | | |
|---|---|---|---|
| 吸取 | 144 | ya | |
| 吸收 | 144 | 压力 | 50 |
| 习惯 | 146 | 压抑 | 153 |
| 习俗 | 146 | yan | |
| 细致 | 147 | 严厉 | 154 |
| xian | | 严肃 | 154 |
| 显著 | 102 | 颜色 | 128 |
| xiang | | 眼光 | 105 |
| 相信 | 149 | 厌恶 | 138 |
| 详细 | 147 | yi | |
| 向来 | 29 | 一辈子 | 156 |
| xiao | | 一向 | 29 |
| 消除 | 120 | 一再 | 158 |
| xie | | 依靠 | 159 |
| 协助 | 4 | 依赖 | 159 |
| xin | | 以前 | 160 |
| 辛勤 | 119 | 以往 | 160 |
| 新颖 | 150 | 意义 | 64 |
| 信赖 | 149 | 抑制 | 153 |
| 信念 | 151 | | |

| | | | |
|---|---|---|---|
| yin | | zhao | |
| 引导 | 161 | 着急 | 85 |
| you | | zhen | |
| 优良 | 162 | 珍贵 | 6 |
| 优秀 | 162 | 镇定 | 167 |
| 优异 | 162 | 镇静 | 167 |
| 犹豫 | 24 | zheng | |
| yu | | 证明 | 168 |
| 预防 | 45 | 证实 | 168 |
| yuan | | zhi | |
| 原谅 | 98 | 执行 | 99 |
| | | 指导 | 161 |
| **Z** | | 指示 | 103 |
| zai | | 智慧 | 169 |
| 灾害 | 164 | 智力 | 169 |
| 灾难 | 164 | 治理 | 61 |
| 再三 | 158 | zhong | |
| zan | | 忠诚 | 170 |
| 赞美 | 165 | 忠实 | 170 |
| 赞扬 | 165 | 终身 | 156 |
| zha | | zhou | |
| 诈骗 | 109 | 周到 | 172 |
| zhan | | 周密 | 172 |
| 展开 | 92 | zhu | |
| 展示 | 166 | 嘱咐 | 47 |
| 展现 | 166 | zhuan | |
| 崭新 | 150 | 专程 | 173 |

| | | | |
|---|---|---|---|
| 专门 | 173 | 仔细 | 147 |
| zhuang | | 自己 | 9 |
| 庄严 | 174 | 自身 | 11 |
| 庄重 | 174 | zu | |
| zhuo | | 阻碍 | 46、176 |
| 着想 | 93 | 阻挠 | 176 |
| zi | | 阻止 | 176 |
| 姿势 | 175 | zui | |
| 姿态 | 175 | 最初 | 34 |